日本4.0

国家戦略の新しいリアル

エドワード・ルトワック
奥山真司［訳］

文春新書

1182

日本4・0　国家戦略の新しいリアル◎目次

第一章　日本4・0とは何か？

日本の問題は、一九四五年以降、有効に機能してきた「戦後システム」が、北朝鮮というむき出しの脅威には対応できなかったということだ。

内戦を封じ込めた「江戸システム」の凄さ

日本の人々——防衛関係者や軍事研究家などを含む——と話していると、しばしば「日本人は戦略下手だが、どうやったら戦略を効率よく学ぶことができるか？」といった質問を受ける。あいにくだが、私はそうした質問に適切な答えを持ち合わせていない。なぜなら、私は、日本人が戦略下手どころか、極めて高度な戦略文化（strategic culture）を持っていると考えているからだ。

これは、この国の四百年の歴史を眺めてみればわかる。日本人は、つねにひとつの完全な戦略的システムを作り上げてきた。しかも、そのシステムが危機に直面するたびに、新たに包括的なシステムに更新してきたのである。これは世界でもあまり例を見ないことだ。

まず十七世紀のはじめ、徳川家康という最高レベルの戦略家があらわれ、江戸幕府という完全なシステムを構築した。

このシステムの凄いところは、内戦というものをほぼ完璧に封じ込めたことだ。日本人の読者には言うまでもないことだろうが、もともと江戸幕府に先立つ戦国時代は、戦国大名が信濃国、尾張国といった地域ごとの「国」の支配者だった。家康はその大名たちを温存させたまま（もし大名たちをすべて潰そうとしたら、内乱がいつまでも続いただろう）、彼らを完璧にコントロールするシステムを作り上げたのだ。親藩（徳川家に連なる一族）、譜代（徳川家の家臣の家）、そして外様（その他の大名）を見事に配置したことにはじまり、街道・関所の整備と管理、参勤交代など、すべてが連関する包括的なシステムである。

たとえばフランスのルイ十四世はベルサイユ宮殿をつくり、フランス内の領主たちを呼び集めた。そして、豪華な衣装などにカネを使わせることによって、領主たちを「戦士」ではなく「宮廷人」にしたのである。しかし、これは「システムの一部」であって、江戸幕府のような包括的なものではない。

特筆すべきは、江戸期の日本が完璧な「ガン・コントロール」を実現したことである。火薬が導入されると、世界中のあらゆる国で共通の現象が起きる。内戦の激化だ。ドイツ、イタリア、フランスのような国の歴史をみると、彼らがいかに悲惨な内戦を経験したかがわかる。

戦国時代の日本も例外ではなかった。またたく間に銃の内製化に成功し、世界でも有数の銃の保有国となったのだ。ところが、江戸期になると、政治体制を変え、徹底した火器の抑制に成功するのである。これは他の国ではまったく成し得なかったことである。

もともと家康は「同盟」の論理を知り尽くした天才的な戦略家だった。その対極にあるのは武田信玄である。彼は完璧な戦術家であり、彼の軍団は戦国最強と謳われたが、天下を治めることはできなかった。戦略は戦術に勝るのである。近代の例でいえば、山本五十六が実行した真珠湾攻撃も完璧な戦術であったが、戦略としては最悪であり、大日本帝国は敗れることとなった。

家康が選んだのは、外交によって敵対的な他者を減らし、消滅させる同盟の戦略だ。適切な同盟相手を選び、戦術レベルの敗北に耐え続けることができれば、百回戦闘に負けても、戦争に勝利することができる。彼が構築した幕藩体制は、敵を消失させる最高度の同盟戦略だったのである。これを「江戸システム」もしくは「日本1・0」と呼びたい。このシステムは三百年近くも有効だったのだ。

「明治システム」は包括的な近代化を達成した

それに続いたのが「明治システム」、すなわち「日本2・0」である。

黒船＝西洋近代という強大な勢力の挑戦を受け、日本人は「江戸システム」を捨て、まったく新しいシステムを選択した。

もちろん近代化という問題に直面したのは日本だけではない。しかし非ヨーロッパの国で、包括的な近代化を達成したのはやはり日本だけだったのだ。

製鉄所を造った国はたくさんあるし、議会を設立した国も多い。しかし、ほとんどの場合は、近代化は部分的な移植にとどまっている。サウジアラビアのような国では、今日に至るまで、近代的なものを導入しつつも、残存する古い文化との矛盾に苦しんでいる。たとえばごく最近になるまで、女性に自動車の運転をさせなかったりするのがその一例だ。またサウジのように長いローブをつけていると、工場で作業することは難しい。近代的な産業には、道具を持ち歩くためのポケットが必要なのだ。

日本の近代化は、政治制度、経済、軍事、教育から、服装や髪型まで、社会全体に及んだ。なかでも軍事を自らのアイデンティティとしていた侍が、自分たちの特権を否定する近代的な軍隊への転換を主導したことは画期的だったといえる。この劇的な変化を理解できなかった西郷隆盛のような脱落者を出しながらも、「明治システム」は成功し、日本は強大な近代国家の一員となったのである。

弱点を強みに変えた「戦後システム」

そして、一九四五年、日本はまた新しいシステムを発明した。この「戦後システム」の特徴は、弱点を全て強みに変えた点にある。

たとえばアメリカは日本政府に帝国陸海軍の再建を禁じた。これは近代国家としての存続を大いに危うくするものだったが、日本政府は「では、これからは軍にカネをかけるのではなく、経済にカネを回そう」と、経済を軸とする国づくりに転進した。この新システムによって、日本人は貧困の川を渡り、その対岸に位置する「なんとか生活できる状態」をも越えて、世界でも有数の豊かさに至ったのである。

この転換で重要なのは、日本が敗北を認めたことだった。現代においても、敗北を認められない国々は少なくない。たとえばパレスチナやアラブ諸国は、まだ一九六七年の第三次中東戦争で失ったヨルダン川西岸を返してくれと要求している。彼らが行き詰まっているのは、実は過去の敗北に囚われ続けているからなのだ。

一九四五年の日本は、敗戦の直後から次のシステムづくりに動き始めていた。台湾や朝鮮半島の領土の喪失を叫び続けてはいない。それによって、日本は国を救い、国民を救い、結果的にその伝統も守ることができたのである。

同盟メンテナンスという戦略

「戦後システム」は軍事的敗北を経済的勝利に変えることができたシステムである。このシステムで最も重要だった省庁は「通産省」だった。日本経済・産業の立て直しが、最も重要な課題だったからだ。

このシステムにおいては、外交を担当する外務省の実態は「日米関係省」だったといえる。彼らにとって最も重要だったのがアメリカであり、それ以外は無視できる存在だったからだ。国防を担当する部署は、アメリカが求めてきた戦力だけを維持する、という役割を果たしてきた。二〇〇七年まで「防衛庁」として、他の省よりも格下と位置づけられていたのもそのためである。

軍事面で大きな制限を受けた戦後日本は、その安全保障の軸を日米同盟に求めた。というよりも、日米同盟こそ「戦後システム」の前提条件だともいえる。そこで日本は「同盟メンテナンス」を忠実に実践してきた。つまり日米同盟の維持、円滑な運営のための努力を続けてきたのである。

これは、冷戦時代にはソ連を抑止し、いまも日本にとって有効に機能しているといっていい。近年の中国の台頭に対しても、アメリカの核兵器は中国への抑止となっているし、自発的にはじまった「反中同盟」は、日本、インド、ベトナム、インドネシアといった国々の関係を強化している。

この「戦後システム」によって、日本は過去七十年間にわたって、国防費をGDPのわずか一%前後に抑えてきたのである。しかもこのような状態で、誰も日本を攻撃してこなかった。アメリカは約三%、ロシアはおよそ四%、韓国は二・六%、イギリス、フランス、インド、中国などは二%前後と、いずれも日本の倍以上の割合を防衛予算に割くなかで、このコストパフォーマンスの良さは際立ったものがある。

このような「戦後システム」のなかでは、日本人は客観的に状況を観察する、一種の「オブザーバー」のような立場を取ることも可能だったし、「戦略など考えなくてもよい」という立場を取ることも出来た。すなわち、冒頭で触れたような「日本人は戦略下手」という自己認識自体が、「戦後システム」という、それなりによく出来た、そして経済的繁栄をもたらした戦略の産物だったのである。

北朝鮮危機という契機

しかし、日本はいま、また新しいシステムを作る必要に迫られているのではないだろうか。それは「同盟」を有効に使いつつ、目の前の危機にすばやく、実践的に対応しうる自前のシステムである。私はそれを江戸、明治、戦後に続く「日本4・0」と名付けよう。

私の考えでは、「日本4・0」が戦わなければならないフィールドは、北朝鮮の脅威、米中対立を軸とした「地経学」（ジオエコノミックス）的紛争、そして少子社会である。

このうち地経学的紛争については後の章に詳しく述べよう。ここでは、北朝鮮危機と少子問題について論じたい。

「日本3・0」、すなわち「戦後システム」は、「同盟」による抑止のシステムだった。今でも日米同盟を核とする同盟のネットワークによって、中国もロシアも抑止可能である。そういう意味では、中国もロシアも恐れる必要はない。

しかし、北朝鮮による核の威嚇には、原則的に、抑止の論理が効かないのである。それは予測不能な武力だったからだ。現在、北朝鮮はアメリカとの非核化の交渉に応じているように見える。しかし、それがこのまま続くという確証はどこにもない。トランプ大統領でさえ「半年経ってみないと、（首脳会談が）成功かどうかわからない」と述べているほどだが、これは建前ではなく、事実であろう。

私は北朝鮮の非核化は実現可能だと考えるが（その理由は次章に述べる）、米朝交渉が始まる前の北朝鮮がどのような振る舞いをしていたかは記憶しておく必要があるだろう。たとえばマレーシアは北朝鮮にとって、最も重要な貿易相手国だった。ところが金正恩《キムジョンウン》は、自分の腹違いの兄を殺すために、この大切な関係をわざわざ悪化させたのである。

また単に核兵器を保有している、ということだけでいえば、アメリカもイギリスもフランスもそうだ。インド、パキスタン、イスラエルも核武装していることは周知の事実である。しかし、これらの国々が核兵器を使用すると考えている人はほとんどいない。

重要なのは、インドやパキスタンのような国々は、核兵器を保有していることをわざわざ公言しないし、誰かに対して「核攻撃をするぞ」と脅しをかけることもないということだ。核兵器の本質が抑止である以上、あえて威嚇に使うのは合理的とはいえない。

抑止のルールの外側に出ようとする国家に対して必要なのは、「抑止」ではなく防衛としての「先制攻撃」なのである。

「日本4・0」へのアップグレード

この「先制攻撃」を具体的にいえば、北朝鮮のすべての核関連施設と、すべてのミサイルを排除するということ、すなわち軍事的非核化である。

実は、アメリカはこの軍事オプションをまだ手放してはいない。トランプが「半年」と期限を設定している意味はそこにある。アメリカが軍事オプションを示唆したから、金正恩は会談の席についたのであり、いま進んでいる交渉も、米軍の先制攻撃能力に裏打ちされたものなのだ。それが交渉であれ、軍事的な方法であれ、北朝鮮が抑止の対象ではなく、武装解除されるべき国であることに変わりないのである。

日本にとっての問題は、一九四五年以降、きわめて有効に機能してきた「戦後システム」が、北朝鮮というむき出しの脅威には対応できなかったということだ。

アメリカは、北朝鮮がＩＣＢＭ（大陸間弾道ミサイル）を開発したかもしれないという自国への直接の脅威を受けて、北朝鮮の武装解除に本腰を入れたのであり、日本や韓国といった同盟国の防衛のためではなかった。日本の危機は、日本自らが対処するしかない時代に入ったのである。

実は、こうした問題は尖閣危機のときにもあらわれていた。

これまでも何度か論じてきたことだが、現在、尖閣の排他的経済水域（EEZ）では、中国側の漁船が数多く操業し、日本政府はそれを黙認している。そこに危険な「曖昧さ」が生じる可能性がある。中国としては、いつでも漁民を尖閣に上陸させることができる状態だからだ。日本と交戦する必要もなく、軍事計画やインテリジェンスも不要な、極めてローコストな作戦である。中国の漁民が尖閣に上陸し、中国の旗をあげ、「再占領した」と宣言しさえすればいいのだ。

もちろん日本側にも不測の事態に備えた計画はある。警察官を漁民の逮捕に向かわせることもできるし、九州にある水陸両用作戦用の上陸部隊が尖閣を再占領することも可能だろう。しかしそうした非常作戦には、天候や相手の抵抗などの複雑な状況、さらには本格的な戦闘などへのエスカレーションといった、リスク拡大の可能性がつきまとう。私の考えでは、日本側が尖閣に武装した人員を常駐させることが望ましい。名目としては「環境保護」などでもよく、海洋保護調査員、サンゴ礁・漁業保護調査員でもかまわない。しかし、必ず武装させるべきだ。

私は、これからの日本の課題は、こうした実戦的な対応力を身に付けることだと考える。それは日本人が「同盟」だけに頼りすぎた「戦後システム」を更新し、新たなシステム、「日本4・0」にアップグレードすることでもあるのだ。

安全保障と少子問題

多くの読者は、北朝鮮や尖閣への危機対応という安全保障上の問題と、少子問題が並べて論じられることに違和感を覚えるかもしれない。

しかし、これらの問題には二つの点で通底するものがある。

ひとつは、いずれも日本がまさに直面している、致命的な問題でありながら、実際的かつ有効な対処法に誰も取り組もうとしていない点だ。そこに共通するのは、リアリズムの欠如である。

日本は長年、少子化問題を議論しながら、人口減少という国家にとって真の危機を間近にしても、思い切った施策を打ち出そうとしていない。そもそも将来の納税者が減少すれば、近代国家は衰退するしかないのだ。

もうひとつ、子どもがいなければ、安全保障の論議など何の意味もないということだ。人間の人生には限りがあり、未来は子どもの中にしかない。当然、国家の未来も子どもの中にしかなく、それを守るために安全保障が必要なのである。どんなに高度な防衛システムを完成させても、国内の子どもが減り続けている国が戦争に勝てるのだろうか？　未来の繁栄が約束されるのだろうか？

今回、日本に来る際、私が乗った飛行機の席の近くに、赤ちゃん連れの母親がいた。この赤ちゃんが泣き始めたので、私は席を立って、彼らのそばに行った。その母親は、不満を言いにきたと思ったのか緊張したようだったが、「私にも孫がいる。赤ちゃんは私にまかせて、トイレにでも行って、リラックスなさい」と声をかけると、安堵の表情を浮かべた。ところが、私の隣に座っていた男は不満げに「俺はわざわざビジネスクラスのチケットを買ったのに、赤ん坊がうるさくてたまらん」と言うではないか。私はその男に言ってやった。「お前は馬鹿だ。赤ん坊のそばにいたくないという奴は、人生のセンスが全くない人間だけだ」と。

もし日本が本当に戦略的な施策を打ち出すのであれば、最も優先されるべきは、無償のチャイルドケアだろう。スウェーデン、フランス、イスラエルは、高い水準のチャイルドケアシステムを整備し、実際に子どもが増えている。

「日本4・0」が最初に取り組むべきは、日本人が得意とする包括的なチャイルドケアシステムの構築だ。

まずは不妊治療の無料化。イスラエルはこれを一〇〇%実施している。

次は出産前の妊婦が必要とする諸費用、出産費用、さらには小学校に行くまでのチャイルドケアの費用を国が負担することである。

イスラエルでは、大卒の女性が生む子どもの数は平均で二・五人に達している。もちろん彼女たちは国からの援助を必要としていないが、いざとなったら無料のシステムに頼れるというセーフティネットが備わっているのだ。

これは国内の心理的な空気も一変させる。高齢化が行き着くと、国内の雰囲気は保守化し、悲観的になる。未来のことを考えない近視眼的な思考がはびこるようになるのだ。

私は日本の右派の人々に問いたい。あなたが真の愛国者かどうかは、チャイルドケアを支持するかどうかでわかる。民族主義者は国旗を大事にするが、愛国者は国にとって最も大事なのが子どもたちであることを知っているのだ。

第二章　北朝鮮の非核化は可能か？

日本のチャンスは北朝鮮の非核化が本格的に開始されてからだ。
「核兵器の王」と対峙することは難しくとも、
「援助の王」とは有利な立場で交渉できる。

「失敗かどうかは半年後にわかる」の真意

二〇一八年六月十二日、北朝鮮の最高指導者、金正恩とアメリカのトランプ大統領が、シンガポールで首脳会談を行った。もちろんこれは二〇一六年に二度、二〇一七年に一度核実験を行い、この間、数十回に及ぶミサイル発射を行ってきた北朝鮮に対し、核開発の中止を求めたものだが、この会談によって、北朝鮮の脅威は完全に除かれたのだろうか？

そこで最も注目すべきは、トランプ大統領が会談後の記者会見で明言した「半年」という期限である。

トランプ大統領が宣言したのは、半年後にこの首脳会談が成功したかどうかが判明する、ということだ。もしこの半年以内に、アメリカの検査官が入る実質的な非核化への動きが北朝鮮に見られなかった場合は、この首脳会談が失敗だったといってよいと言ったのである。

しかも、その間にも、国連安保理による北朝鮮に対する経済制裁は継続される。つまり、トランプは今後の北朝鮮政策として、国連の経済制裁に加えてアメリカ独自の制裁も科す可能性を捨てていないのだ。これには海上封鎖という措置も含まれる。マティス国防長官がまだ政権にとどまっている理由もここにある。首脳会談後の北朝鮮との交渉においてはポンペオ国務長官が前面に立っているが、マティスが残っているということは、まだ軍事的なオプションも捨てていないということなのだ。

トランプが求めているのは包括的な非核化である。大陸間弾道ミサイルだけを削減し、中距離弾道ミサイルは削減しないといった部分的な非核化ではない。この包括的な非核化が実現できれば、北朝鮮はすべての制裁を解除され、外交関係が回復し、日本や韓国からの経済支援や投資が流れ込むことになる。これは「一〇〇％には一〇〇％で応える」というものだ。

これは、二〇一五年にオバマ政権が結んだイランとの核合意と比較すればよくわかる。このときの取引は、イランは、十五年間は核兵器に転用できる高濃縮ウランや兵器級プルトニウムを生産せず、貯蔵濃縮ウランや遠心分離機の量を減らす、といった中途半端なものだった。これはイランに取引相手としての正統性を与えることになり、イランが中東で帝国主義的な政策、たとえばシリアとイエメンを同時に攻撃し、しかも弾道ミサイルの開発を進めるような政策を取ることを認めたことになる。

これはトランプにとって「まずい取引」であったために破棄したわけだが、ここからみると、北朝鮮へのトランプのメッセージも明確に理解できる。つまり、「部分的な合意はしない」、そしてそれが駄目なら会談は失敗、すなわち、軍事的なオプションも含めたさらなる制裁を示唆しているのだ。

トランプの要請に応じた習近平

ここで、米朝首脳会談に至るまでの流れを簡単に振り返ってみよう。

北朝鮮が核兵器開発に成功した時点で、アメリカにとって北朝鮮は、非核化させるか、核弾頭搭載可能な弾道ミサイルを完成させる前に空爆するほかない国となった。

しかしオバマ大統領が、北朝鮮の核実験に対して何もアクションを起こせなかったために、核武装まで実現されてしまった。それに対して、トランプはアクションを起こしたのだ。

そこで重要だったのは、二〇一七年四月の習近平国家主席との米中首脳会談だった。フロリダ州のトランプの別荘マールアラーゴで、トランプが最初に取り上げたのが、北朝鮮問題だった。

トランプが「本物の経済制裁をやりたい。北朝鮮には長年経済制裁をやったが効かなかった」と述べたのに対して、習近平は「六カ国協議に戻りましょう」と答えた。ご存知の通り、六カ国協議は二〇〇三年から二〇〇八年まで行われたが、何の成果も生み出さなかった。それに対してトランプが求めたものは、北朝鮮への支援の中止だった。

この制裁は、北朝鮮から中国に向かう鉄鉱石などの輸出を禁止するものであり、全般的に北朝鮮の外貨の出入りも大きく制限したのだ。

実際、フロリダでの会談の数日後には、平壌《ピョンヤン》に数カ所しかないガソリンスタンドに車の列が出来た。石油制裁もあり得る、という恐れがあったからだ。

私自身も中国の大連から丹東市まで、北朝鮮との国境付近をくまなく見て回ったが、たしかに貿易が止められている様子を目撃した。中国の丹東市と北朝鮮の新義州《シニジュ》市を結ぶ鴨緑江《アムノッカン》大橋は、二十四時間でたった一台の小さなバンが通過しただけであった。地元の警察官に聞いても、台湾や香港などの外国の船が海上で密輸行為を行っているほかは、ほとんど動きは見られないという答えが返ってきた。禁輸は実際に行われていたのである。

中国側は、国境地帯では北朝鮮とのビジネスに意欲的な人々、個人投資家や現地の銀行が、不動産を中心に莫大な投資をしてきた。しかし、工場、ホテル、そしてオフィス用のビルなどはガラ空きだった。これは北朝鮮側の中国に対する態度を表すものでもある。たとえばグーグルアースなどを使って、先ほどの鴨緑江大橋近辺をみればいい。この橋は、中国が資金を提供して建造されたものだが、中国側には巨大なビルがいくつも建てられている。中国はここをもうひとつの深圳《しんせん》（香港のすぐ北の巨大工業地帯）にしたかったのだ。北朝鮮の労働者を大量に雇い、安い賃金で働かせるつもりで、大規模な投資を行ったのである。北朝鮮側の国境を開放するという約束をしていなければ、こんな投資は行わなかっただろう。ところが北朝鮮側を見てみると、畑が広がっているだけで、歩道さえろくに整備されていない。彼らは中国の期待と投資に応える様子をまったく見せていないのである。つまり、北朝鮮は中国を侮辱し、約束を堂々と破ったことになる。

海産物でみる経済制裁

北朝鮮への経済制裁がどの程度行われているかを判断するうえで重要なのは、海産物だ。大連のレストランに行ってみると、会談前にはまだ北朝鮮から輸入した海産物が使われていたが、会談後には消えていた。その後にロシアのウラジオストクに行ったのだが、そこではカキやホタテやカニなど北朝鮮からの海産物があふれていた。ロシアの漁船が軽油を渡す代わりに北朝鮮の漁船が海産物を渡す、いわゆる〝瀬取《せど》り〟である。ロシアは北朝鮮からの密輸を許していたのだ。

北朝鮮の漁業は、中国に面した黄海側の海域では、中国側の乱獲によってろくなものが取れなくなっている。その反対に、ロシアに面している日本海側の海はきれいで漁獲量も豊富なのだ。

この海産物に関しては、その後、中国が輸入を緩和した可能性もある。北朝鮮だけでなく現地の中国側にも利益になるからだ。

いずれにせよ、フロリダでの米中首脳会談のおよそ一年後、トランプが記者会見で「習国家主席は（北朝鮮に）しっかりと圧力をかけてくれている。誰もが想像していたより、はるかに強い圧力だ。私としてはもっと圧力を強めてもらいたいが、それでも、習国家主席は誰も予想しなかったレベルで強い圧力をかけている。北朝鮮に流入する物資は、大きく減った」と述べたとおり、たしかに習近平は北朝鮮への経済制裁を強めたのである。

ここで興味深いのは、中国にとっても北朝鮮の非核化は望ましいということだ。中国は、北朝鮮が単に弱くて自分たちに依存する状態にあることを望んでいる。そのためには核武装は邪魔なのだ。だからこそ、習近平はトランプの求めに応じ、北朝鮮への経済制裁を強めたのである。

核実験で中国のビルが揺れた

中国が北朝鮮の非核化を望むもうひとつの理由は、国内事情とも関連している。二〇一七年九月、北朝鮮はこれまでのところ最後となる、最大規模の核実験を行ったが、その爆発による揺れは国境を越えて中国側にも及んだ。文字通りビルが揺れたのだ。当然、その地域に住む中国国民は、これを脅威と感じ、北京政府に対応を求めたのである。

北朝鮮があまりにも少ない資金で核開発を行っていることを考えれば、核関連の事故が起こる可能性は低くないだろう。資金不足から適切な安全対策が講じられているとは考えられないからだ。そしてアクシデントが発生すれば、その影響を受けるのはワシントンではなく、中国なのである。

さらに、習近平には、低迷が続く東北三省の経済を活性化させたいという思惑もある。

だから、先にも述べたように、北朝鮮との国境沿いに大きな投資を行ったのだが、それがまったく実を結んでいない。長年の同盟関係にもかかわらず、北朝鮮は中国の顔に泥を塗るようなことを続けているのである。

北朝鮮は「ベトナム化」するか

経済制裁の強化にもかかわらず、核実験を行った北朝鮮に対して、トランプは軍事攻撃を示唆するメッセージを送り続けた。実際に、米軍に対して核施設への先制攻撃を検討するよう依頼してもいる。

そのメッセージを、北朝鮮は明確に理解した。そこで金正恩が使ったのが韓国カードである。二〇一八年二月の平昌《ピョンチャン》五輪では韓国側に笑顔を振りまき、四月には文在寅《ムンジェイン》大統領と板門店《パンムンジョム》で会談する。これがトランプに対するサインであることは誰の目にも明らかだった。

そしてシンガポールでの会談に至るのだが、ここで誰が勝って誰が負けたのか、それは半年後になってみなければわからない。本気で物理的な非核化を行いたいのであれば、国連などの国際機関ではなく、アメリカの検査官が北朝鮮国内に入りチェックしなければ意味がないだろう。

それが実現できるかは誰も確約できない。現時点では、北朝鮮が進む道は、大きく三つに分かれている。これは当然、隣国である日本にとっても重要な選択になる。

まずひとつは、非核化した北朝鮮がアメリカの戦略的な保護の下で経済的に発展するというシナリオだ。朝鮮半島における米軍のプレゼンスを維持しつつ、北朝鮮にはアメリカや日本からの投資が行われ、関係も改善するというものだ。

これがポンペオ国務長官が強調する「ベトナム・モデル」である。七月にベトナムを訪れたポンペオは、ベトナムの指導者は主権や体制への脅威なく改革を行い関係を築くことが可能だと気付いたとし、アメリカとベトナムの貿易が過去二十年間で八〇〇〇％も拡大しており、米企業は同国に数十億ドルの投資を行っていると数字を挙げて、金正恩に対し、「あなたがこの機会をつかめば（ベトナムの）奇跡はあなたのものになるかもしれない」とメッセージを送った。

シンガポールでトランプ大統領が金正恩に語ったのも実質的にはこのことだけであった。ベトナムは今も共産党が政権を握り続けているが、いかなる経済制裁も受けていないし、アメリカからも無制限の投資を受けている。アメリカ人だったら、誰でもベトナムに行ってビジネスを始めたり、ホテルを建てたりできるのだ。トランプ側が北朝鮮に見せた動画の内容はまさにこれであり、政権を維持しながら観光業と海外からの投資を増加させることができるというものだった。

ここで重要なのはトランプ政権が「非核化」と「政権維持」の問題をはっきりと分離したことだ。これまでのアメリカの北朝鮮政策は、非核化とともに金体制の変革も狙っていた。しかし、これだと金正恩は自らの体制を崩壊させるために非核化を行うことになってしまう。それに対して、トランプは「非核化したら、ホワイトハウスにゲストとして招待する」と明言している。

この「北朝鮮のベトナム化」は日本にとっても最善の選択肢といえる。

最悪は中国による朝鮮半島支配

では、その次にマシな選択肢とは何か。意外に思われるかもしれないが、現状維持だ。

北朝鮮は核弾頭を積んだ中距離弾道ミサイルを保持したままで、金正恩も独裁支配を続ける。もし暴力的な非核化、つまりアメリカによる先制攻撃などによって強制的に非核化が実現しても、ダメージを受けた北朝鮮の政権が生き残る可能性もある。

それでも第三の道、すなわち北朝鮮が非核化し、朝鮮半島が中国の支配下に入ることよりはマシなのだ。

北朝鮮の核兵器は、日本の安全保障にとって最大の脅威である。しかし、戦略面では、日本にとってポジティブな要素でもあるのだ。なぜならそれは北朝鮮の中国からの戦略的な独立を保障し、中国による朝鮮半島の支配を防いでいるからである。

もし北京が平壌をコントロールできる状態になれば、かなりの確率で韓国もコントロールできるようになるはずだ。韓国内にも中国の冊封体制を受け入れようとする人間は多いからだ。いいかえれば、平壌の政治指導層は、中国からの朝鮮半島の独立を実際に保障しているのだが、韓国政府、そして文在寅大統領はその独立には貢献できていない。

日本にとって、核武装したままの北朝鮮は最悪だ。しかし中国に支配された朝鮮半島は、より最悪の安全保障上の脅威となってしまう。

ここで問題となるのは、韓国という国の戦略的な脆弱さである。

ソウル侵攻のリスクを放置し続けた韓国

一九七七年、アメリカ大統領に就任したジミー・カーターは、朝鮮問題に関する政策文書「PM13」を発表した。この文書では、米軍は朝鮮半島における兵力を削減するべきだと提言されていた。

その理由として挙げられていたのは、朝鮮戦争から二十数年が経過し、韓国は劇的な経済成長を遂げ、人口も北の二倍以上になっていたことだった。それに対し、北朝鮮は依然として貧しく、弱い国のままだった。だからアメリカには韓国のような強い国をわざわざ守る必要はないというのである。

ところが、この内容が韓国政府に伝わると、パニックが起こった。そして韓国に駐留する米軍がワシントンに伝えたのは、韓国の軍隊は自国をまったく守れない状態にある、というものだった。

首都ソウルは、北との国境線である非武装地帯から近く、対空防衛システムや防空シェルターなども十分ではないという脆弱性をさらしていた。北朝鮮はソ連が第二次大戦中に使っていたロケット砲などを、安価であるという理由から多数保有していて砲撃できた。つまり第二次朝鮮戦争のような紛争が勃発した場合、ソウルで多くの犠牲者が出ることは確実だったのである。

これが四十年前の状況であったが、実は今も状況はまったく変わっていない。違うのは、北朝鮮が核兵器や長距離ミサイルを開発したことだけだ。

この四十年間、韓国は政府機能や民間企業の本社などを、ソウルのはるか南、たとえば大邱《テグ》などに分散させるなどの対策を一切実行していないのだ。もし大邱に移設できていれば、非武装地帯から二百キロ以上離れるので、ロケット砲の脅威は無力化できる。ソウル市民にとってはロケット砲の脅威のほうがミサイルの脅威よりもはるかに深刻なのだ。また、空襲用のシェルターもまだ十分ではない。

私は一九七八年に、ペンタゴン（アメリカ国防総省）と契約して、現地の状況を視察するために、韓国に派遣された。

そこで私が得た結論は、もし戦争が始まれば、北朝鮮は、最初の砲撃で韓国側の指揮所や対戦車兵器などを潰すことができるということだった。非武装地帯付近は丘陵地帯だが、韓国軍は、北朝鮮側に面した下り坂に武器庫などを設置していたのだ。これでは北朝鮮軍の砲撃の格好の的となってしまう。
この状況も、今と変わっていない。

安全保障よりビジネス？

このときの私たちのミッションは、アメリカが撤退した後でも韓国が自ら安全を確保できるようにするにはどうすればいいのかを検討することだった。視察の後、私たちは極めてシンプルな提案をまとめた。

まず一つ目は、首都機能をソウルから南の大邱、必要であればそのさらに南側に移すこと。

二つ目は、非武装地帯から五十キロ以内にある企業に対し税負担を重くし、さらに移転する企業には税制優遇措置を設けて、光州《クアンジュ》への移動を促すこと。

さらに、軍事面では七十二項目にものぼる細かい変更の提案をした。中でも大きな問題だったのは、当時、韓国陸軍の保有する戦車の数が、北朝鮮のそれに比べて圧倒的に少なかったことである。ところがタイミングが良いことに、西ドイツとイタリアが戦後まもなく導入したM–47パットン戦車が更新の時期に来ていた。これに新しい砲を載せ替えて韓国に運べば、たった半年で、しかもほとんどコストをかけずに、一千台もの戦車を得ることができ、一気に問題が解決するはずだった。

ところがしばらくして、韓国の状況を聞くと、彼らは首都機能の分散化も、企業移転のための税制優遇措置も実施せず、スイスのようにすべてのビルにシェルターを設置しなかった。それどころかM–47戦車もまったく購入していなかったのだ。

その後、私はソウルに行って青瓦台《チョンワデ》（大統領府）の関係者に「われわれの提案はどうなったんだ。なぜタダ同然のM–47を手に入れなかったのか」と尋ねると、彼らの答えは、「われわれはROKIT（韓国国産戦車開発計画）を進めた」というものだったのである。

ここで思い出してほしいのは、このやりとりが行われた数年前、一九七五年にはサイゴンが陥落しており、アメリカは南ベトナムから撤退したばかりだった、ということだ。サイゴンに侵攻する北ベトナム軍の先頭には、ソ連製の戦車の姿があった。同じように、北朝鮮の戦車もソウルを侵攻できるのである。しかし、韓国政府は、すぐに配備できる戦車一千台のかわりに、開発するのに七〜八年もかかり、多額の費用も要する新しい国産戦車を欲しがったのである。私がその理由を聞くと、答えは「輸出のためだ」というものだった。

当時も韓国軍の規模は十分大きく、装備も整っており、パレードもしっかりとやっていた。ところが、訓練の面、そしてとりわけ精神面では、まったく戦えるような状態にはなかった。これも今と変わりはない。

アメリカが北朝鮮に対し、経済制裁を強化し、習近平でさえそれに同調した時期に、韓国の大統領に就任した文在寅は、二〇一七年九月にロシアで「新北方政策」を発表した。その内容は、ロシアの国境沿いの町ハサンと、北朝鮮北東部にある羅津《ラジン》での工業団地建設への支援だったのである。トランプ大統領がはじめて習近平を説得して、北朝鮮への資金の流入をカットしたその矢先に、文大統領は北朝鮮に送金することを提案したことになる。

つまり、韓国は北朝鮮問題に対する当事者意識や国防への責任意識をまるで持ち合わせておらず、ただビジネスだけに関心を示しているのだ。

「北朝鮮問題」ではなく「朝鮮半島問題」だ

たとえば朝鮮半島有事の際に、作戦を指揮する権限は、韓国軍ではなく、在韓米軍司令官が握っている。これは朝鮮戦争のとき、韓国がマッカーサー率いる国連軍に指揮権を譲渡したためだが、アメリカ側が長年、韓国に返還しようとしているにもかかわらず、韓国は「戦力が整っていない」などといって延期し続けているのだ。

さらに韓国は、北朝鮮の核開発を阻止するような動きをまったく見せていない。大陸間弾道ミサイルの開発の阻止に対する貢献もゼロといっていい。

しかし、本来ならば韓国は決定的な役割を果たせるはずなのである。

たしかに、北朝鮮は核兵器をもっている。弾道ミサイルももっている。しかし、即時発射できるような核ミサイルはまだもっていない。レーダーも配備しているが、その防空システムはきわめて脆弱だ。北朝鮮の空軍は古い装備しかもっておらず、彼らの対空砲など、二千メートル上空を飛んでいればとるに足らない存在である。

だから、北朝鮮の領空に侵入し、核関連施設やミサイル施設などに対して空爆を行えば、鮮やかな効果を挙げることができるだろう。このような仕事は韓国空軍だけでもできるはずである。

ところが韓国側は「われわれには何もできない。われわれには脆弱性があり、野戦砲やロケット砲の脅威にさらされている」と主張し続けている。これこそが朝鮮半島の現状だ。

韓国は北朝鮮の非核化にはほとんど興味がない。彼らが北朝鮮に望んでいるのは、単に「トラブルを起こさないこと」に過ぎない。だから、金正恩体制の崩壊だけは起きてほしくないのである。朝鮮半島統一も本気ではないだろう。西ドイツが東ドイツに対して行ったように、経済を犠牲にするつもりはさらさらないのである。

日本やアメリカなど、北朝鮮の問題に直面している周辺国が気づかなければならないのは、「北朝鮮問題」は存在しない、ということだ。われわれが直面しているのは、単体としての「朝鮮半島問題《コリア》」なのである。

この問題は二つの国で構成されている。一つは北朝鮮であり、どんな手段でも核武装の解除を進めるべき国だ。そしてもう一つは、韓国という無視すべき国である。

米韓軍事演習が中止された本当の理由

こうしてみてくると、トランプが金正恩との会談後に米韓軍事演習を中止したことの意味も見えてくる。多くのメディアは、これを北朝鮮への不当な譲歩と論じたが、ここで覚えておかなければならないのは、中止した演習は重要ではないものばかりだったということとだ。これらのなかには、韓国政府が、インドやイギリスなどの武官には参観させ、自衛官の見学は断ったものも含まれている。

一例を挙げれば、ある軍事演習のシナリオの中で、装甲車両は水田地帯を通過できないと設定されていた。ところが北朝鮮から韓国への「侵攻回廊」は、険しい山岳地帯の細道で、装甲車両が通れない道か、もしくは水田地帯しかないのだ。軍事演習の最も肝となる地点にある水田地帯を通れないとなると、実践する意味があるのか疑わしい。言い換えると、この演習はシリアスなものではないのである。

そもそも韓国軍の存在自体が、現実的というよりは象徴的な意味合いが強い。韓国への脅威の九五％を構成しているのは間違いなく北朝鮮のロケットなのに、アイアンドーム（イスラエルが開発した防空システム）のような対抗手段を開発せず、たとえばＫＦＸのような双発の戦闘機の開発に資金を投じるのである。

このＫＦＸは北朝鮮との戦闘用としては機体のサイズが大きすぎるし、足が長すぎる。明らかに日本との戦いを想定したものだ。もちろん、韓国が本気で日本との戦闘を考えているわけではない。これはあくまでシンボルなのだ。これが彼らの資金の使いかただ。本気で自分たちを守るために資金をつぎ込むのではなく、象徴的なものにしか使わないのである。

おそらくトランプはこのような事実を軍関係者から聞いていたはずである。単に象徴的で中身のないものを北朝鮮に与えても、痛くも痒《かゆ》くもなかったという方が、実態に近いだろう。

在韓米軍の撤退はありえない

米韓同盟は、条件付きの限定的な同盟関係である。たとえばトランプ大統領は韓国と外交を連携させるつもりはないし、文在寅大統領をパートナーとして信頼していない。だから、トランプ大統領は、韓国・北朝鮮の国境地帯にある板門店でやってはどうかという韓国政府側の提案を拒否して、北朝鮮との会談をシンガポールで開催したし、文在寅大統領はシンガポールに乗り込むこともできなかったのである。

では、韓国からの米軍の撤退はありうるだろうか。もし北朝鮮との非核化交渉で進展があれば、米軍は非武装地帯の兵を減らして、ソウルの南の基地に再編するということは考えられる。そうなると在韓米軍の象徴的な意味合いは薄れ、むしろ戦闘的な能力は上がることになる。非武装地帯に配備されている米軍兵士には、本物の戦闘力は存在しない。本気で戦おうと思ったら、敵の大砲の射程内に兵士を配備するわけがないからだ。

しかし米軍が朝鮮半島から撤退することはありえない。非核化が実現し、北朝鮮との関係が一〇〇％改善したとしても、米軍は撤退しない。そもそも北朝鮮もそれを望んでいない。中国の脅威があるからだ。核武装抜きで北朝鮮が中国に対抗するには、米軍の朝鮮半島におけるプレゼンスが不可欠なのである。

朝鮮半島を中国の支配下に置かせない。それが米軍の北東アジアでのポジションなのだ。

南アフリカ、リビアの前例

では、果たして北朝鮮の非核化は可能だろうか？　それは容易なことではないが、不可能なことではない。

前例もある。たとえば南アフリカだ。一九九三年、南アフリカのデクラーク大統領は「六個の原子爆弾すべてを自主的に廃棄した」と表明した。彼らは核弾頭も作り、運搬手段としてのミラージュ戦闘機も持っていた。つまり、核武装を完成させていたのだ。しかし、最後は核関連物資を海外に引き渡した。

二〇〇三年にはリビアも核兵器の廃棄を宣言している。核弾頭までは完成させていなかったものの、かなりのレベルまで準備していたが、イラク戦争でのイラクの敗北を見て、カダフィ大佐が危機感を抱いたのだ。核関連物資はアメリカや一部、ロシアに運び出されて処分された。その後、リビアへの制裁は解除され、アメリカやイギリスとの国交も正常化した。

このように非核化は不可能ではない。ただし、それには在韓米軍のプレゼンスによる政権維持が必要となる。おそらく金正恩は非核化に向かうにせよ、最低速度で進もうとするだろう。非常に難しいプロセスであることは間違いない。

非核化開始後に日本のチャンスがやってくる

最後に、こうした状況下で、日本はどうしたらよいのか考えてみたい。

まず、今の状況においては、日本は拉致問題について取り上げないほうがいい。そうすることによって日本の立場が弱くなるからだ。他の国々は戦争と平和、そして核兵器について語っているのに、日本は個人の話に終始して時間を無駄にしている、という印象しか与えられない可能性が高い。日本の北朝鮮に対する最大の強みはやはり経済なのだが、現在の局面ではまだそれを有効に使うことができない。

では、いつが有利なタイミングかといえば、それはアメリカのイニシアティブによる北朝鮮の非核化、すなわち北朝鮮のベトナム化が本格的に開始されてからだ。

もし非核化が本格的に始まったら、韓国は北朝鮮に対して莫大な出費をアメリカに迫られることになる。一時的な資金ではなく、継続的な資金の投入だ。それで非核化を維持するためだ。このプロセスの中で、日本はＯＤＡなどを使うことによって大きな発言権を得ることができる。そうなったときに初めてパワーを得ることができるのだ。

たとえば北朝鮮にコマツのブルドーザーを五台ほど無料で渡すとする。それを使ってみれば、当然、十台欲しくなる。このようにレバレッジ（てこ）の効果が効きはじめ、日本の言い分に耳を傾けざるを得なくなるのである。

アメリカに拉致問題の解決を頼んでも、十分な結果を得られる可能性は低いだろう。日本自身が提供する資金を、交渉への武器として使うことが大事なのだ。ここでもアメリカ頼みの「同盟メンテナンス」よりも、自力による「作戦実行《オペレーショナル》メンタリティ」がはるかに効力を持つだろう。

拉致被害者を取り戻せるのは、経済的な交流がある状態においてである。なぜなら、核武装を放棄した金正恩体制にとって、政権維持のための命綱となるのは、在韓米軍のプレゼンスと並んで、海外からの支援だからだ。海外からの支援の窓口となり、それを国内に配分することによって、金正恩はサバイバルすることができる。「核兵器の王」ではなく、「援助の王」として君臨するのだ。

日本は「核兵器の王」と対峙することは難しくとも、「援助の王」とは有利な立場で交渉できるはずである。

第三章　自衛隊進化論

戦争で必要なのは、勝つためにはなんでもやるということだ。
そして、「あらゆる手段」にはズルをすることも含まれる。
目的は「勝つこと」であり、「ルールを守ること」ではないからだ。

「戦後システム」のなかの自衛隊

日本の自衛隊は、規模としては小さな軍隊だ。だが、当然のことながら、軍隊の適正な規模は、地政学的な条件、すなわち守るべき領域、地理的環境、同盟関係などによっても異なる。だから、規模の小ささは本質的な問題ではない。GDPの一%前後にあたる防衛予算だけをとっても、日本の自衛隊は世界的にもかなり強力な軍隊の一つだ。また、彼らの能力は高く、兵器体系も高度だし、その整備もよく行き届いており、規律も高く、動きも効率的である。

再考しなければならないのは、その全体的な方向性である。

日本の自衛隊は、「戦後システム」の中で、その主要任務をしっかりと担ってきた。それが「同盟メンテナンス」である。朝鮮戦争以降、日本はアメリカからの要請に対応するために、「同盟メンテナンス」を忠実に実践してきた。つまり、日米同盟を維持するための努力を続けてきたのである。人員を揃え訓練を行い、装備を購入し自前の武器も開発することによって、アメリカに対して「(安全保障の)タダ乗り野郎《フリーライダー》」ではないという姿勢を示してきたのである。

また自衛隊は災害派遣でも活躍してきた。その活動が強く意識されるようになったきっかけは、一九九五年の阪神・淡路大震災だった。自衛隊の現地派遣が遅れたという批判もあったが、陸海空すべての自衛隊による、大規模な災害派遣が行われたのである。さらに大きな役割を果たしたのが、二〇一一年の東日本大震災だった。与えられた任務を勇敢にこなし、二万人近い人命救助を行うなど、人道面でも大きな貢献を果たしたのである。

国連にも「国際世論」にも頼れない

このように戦後も大きな役割を果たしてきた自衛隊だが、私の考えでは、いま、自衛隊は新たな能力を獲得すべき時期にきている。それは先制攻撃能力だ。現在の「システム」の下では、日本の国民は、誰も自衛隊が戦うことになるとは考えていなかった。しかし、その大前提がいまや崩れているのだ。

戦後の自衛隊の行動原理は「専守防衛」であり、もし他国からの攻撃を受けた場合には、同盟国であるアメリカ、そして国連軍が戦ってくれる、というのが、基本的な枠組みだといえる。

しかし、もはやそれでは対応できないことを明らかにしたのが、北朝鮮のミサイルによる威嚇だった。もし日本政府が北朝鮮から攻撃される危機に直面した場合には、国連軍の出動を要請することなどまったくの無駄である。国連安保理による「セレモニー」で、時間を空費する余裕などないのだ。

こうした危機の際、「国際社会の世論」などはまったく役に立たない。たとえば一九九二年、サラエボがセルビア人勢力に包囲され、およそ一万人の死者を出したが、どこも介入しなかったし、何も動かなかった。このように、「国際世論」という、何の頼りにもならないものをあてにしてはならない。

もちろん日米同盟は、今後も日本の安全保障にとって重要な位置を占めるが、こうした同盟戦略は、世界最大の領土を持つロシアや、人口世界一の中国といった大国相手には抑止効果がある。ところが北朝鮮のような国については、そうではない。北朝鮮のようなむき出しの脅威に対しては、日本はまず自力で、自らの責任で、自国の安全保障を最優先させるべきなのだ。これが「自前の国家安全保障」であり、そこで必要となるのが「作戦実行メンタリティ」なのである。

防衛としての先制攻撃

日本における安全保障論議のなかでは、「先制攻撃」は「あまりに攻撃的」、もしくは「侵略的」でさえあるように感じられている。しかし、はたしてそうだろうか？　北朝鮮のように弾道ミサイルを開発し、それに核弾頭を搭載しようとしている国が隣にあり、ミサイルを飛ばして、いつでも攻撃可能だと脅しているのだ。彼らの武器を取り上げるのは「攻撃的」とはいえず、むしろ「防御的」である。

「先制攻撃」とは、実際にその場に行って目標を破壊する、ということだ。そのためには、これまでの「同盟メンテナンス」のメンタリティから、「作戦実行」のメンタリティに移行する必要がある。

北朝鮮の経済規模は鳥取県や高知県と同規模で、名古屋市の七分の一くらいしかない。しかし、コストパフォーマンスという面で見たとき、北朝鮮は偉大なことを達成している。それは、アメリカがペンタゴンのオフィスで使う文房具などにかけている程度の軍備費で、百万人規模の軍隊を運営していることだ。しかもその予算内で、潜水艦、戦車、野戦砲、弾薬、弾道ミサイルの開発と実験、それに核開発や人工衛星の軌道への投入まで行っている。もし日本の防衛産業に、北朝鮮の保有しているような武器を開発してくれといったら、たしかにより高性能で、見た目も素晴らしい兵器を製造するに違いない。しかし、そのコストは北朝鮮の国防費全体よりも高くなるのは確実だ。

このように、北朝鮮には世界でもトップレベルの軍事技術者がいるわけだが、それでもわれわれにとって幸運なのは、北朝鮮にはまともな防空システムがないということだ。防空システムを機能させるためには、レーダーだけでなく、通信網や近代化された対空ミサイルが必要になる。しかし北朝鮮には、すでに時代遅れになってしまったソ連製の装備しかない。そうした旧式のシステムに対しては、ずいぶん前の時点で有効な対抗手段が開発されてしまっているのだ。

よって、北朝鮮は実質的に、レーダーを持たず、航空機を持たず、対空ミサイルも持っていないに等しい。その意味で、日本にとっては、対北朝鮮の防衛において、対地攻撃能力の獲得が喫緊の課題なのである。

F−15を改装せよ

私が日本の軍事関係者などに、北朝鮮のミサイル基地や核関連施設などへの攻撃を準備する必要があると提言すると、仮に北朝鮮を攻撃するにしても、長距離ミサイルも戦略爆撃機も持っていないから難しい、という反応が返ってくる。

私は日本の防衛関係者たちに次のような質問をしたことがある。

「もし北朝鮮を爆撃しなければならないとすれば、自衛隊が保有するF−15JとF−15DJを北朝鮮の爆撃用に作り変えるには何日かかりますか？」

すると、返ってきた答えは、「いやいや、今持っているF−15では無理です。F−15Eを買い直さなければなりません。調達からパイロットなどのトレーニング、部隊への編入となると、最低でも五年から六年はかかります」というものだった。

それでは間に合うはずもない。いまから爆撃機を新たに導入したり、ミサイル開発を行うようなことは、時間がかかりすぎる無責任な態度である。

日本がすべきことは、単にすでに十分な数を保有しているF−15の改装である。私がそう反論すると、「爆撃するためにはボーイングにソースコードの変更をしてもらわなくてはなりません。すると、彼らからF-15Eを買い直してくださいと言ってくるはずです」と言うのである。

F-15という戦闘機は、機体も搭載量も大きく、ミサイルも搭載可能なので、戦略爆撃機にもなりうる。日本と北朝鮮の間の距離を考えれば、増槽（燃料タンクを増やす）によって航続距離をカバーすることができる。新たに爆撃機を持つ必要はなく、ただF-15を改装し、市場に出回っている空対地ミサイルを購入すればいいだけの話だ。

同様の問題は、「イージス・アショア」にも見られる。ミサイル防衛システムを強化するために、イージス艦に搭載されているイージス・システム（というより、イージス・システムを搭載した艦船がイージス艦なのだが）を陸上に設置するというものだが、この実現までに六年をかけるというのである。そもそも北朝鮮の脅威への対応としてはあまりに遅すぎる上に、日進月歩で技術が進む現代において、六年前のシステムなど、出来たときには時代遅れになっている危険性もある。

つまり、そこには「作戦実行メンタリティ」が決定的に欠けているのだ。

矛と盾の準備を

日本政府に求められるのは、真剣な安全保障面での対処である。この「真剣な対処」が何を意味するかというと、「矛《ほこ》」と「盾《たて》」の準備だ。「矛」だけを使って何かをしようと考えてはいけない。「盾」だけを使ってもダメだ。両方必要なのだ。

ここでいう「矛」とは「先制攻撃」のことだ。日本のように約二百機のF−15を持っている国は、二つの稼働可能な航空団を持っているということであり、確認されている核施設や弾道ミサイル発射場などをすべてカバーすることができる。これに現地からの情報を加えれば、北朝鮮の核関連施設は、すべて破壊できる。

「盾」とはBMD、つまり陸上と海上のイージス・システムなどの弾道ミサイル防衛システムのことであり、将来的には巡航ミサイル防衛システムも可能かもしれない。海上や空域における周辺防衛も入る。これらが「盾」だ。

これで「矛」と「盾」が完成する。相手の攻撃能力を最大限奪いつつ、自分の生き残りの確率を上げるのだ。

先制攻撃能力を獲得したり、それを即座に使えるようにしておくことは、日本政府の義務である。北の挑戦に対して反応できずに相手に屈するような事態は、あってはならないことなのだ。

「リアリスティックな演習」のすすめ

「防衛のための攻撃」において求められるのは、平時の、法に則ったような動きではなく、戦時での動きである。この両者の間には技術的な違いが存在する。

かなり昔の話になるが、私は北海道で陸自の演習を見せてもらったことがある。彼らはきわめてテクニカルな訓練を行っており、兵士の練度も機敏さも素晴らしいものであったし、すぐにでも実戦に投入できそうだったが、彼らに欠けていたものが一つあった。それはリアリスティックな戦闘能力である。そしてこれはリアリスティックな戦闘訓練でしか身につかないものなのだ。

リアリスティックな戦闘訓練には一つのメソッドがある。

まず青軍と赤軍に分け、中立の立場のレフェリーを用意する。両軍とも相手を倒すためにあらゆることをしなければならない。つまり、勝つためにはなんでもやるということだが、これは言い換えれば、あらゆる手段でサプライズを狙うことを意味する。そして、ここが重要なのだが「あらゆる手段」にはズルをすることも含まれるのである。なぜなら彼らの目的は「勝つこと」であり、「ルールを守ること」ではないからだ。

このときレフェリーの任務は、サッカーや野球などのスポーツのそれとは異なっている。ルール違反を判定することではなく、戦場のリアリズムを演習に持ち込むことが、彼の仕事なのだ。そして両軍に即興の作戦を取るように強制するのである。

具体的に説明しよう。

まず両軍にいくつかの任務を遂行するように命じる。そこにレフェリーが介入し、現実に戦場で起こりうる要素を挿入していくのである。たとえばレフェリーが「この武器は壊れた」、「この部隊は行動できなくなった」と宣言すると、これらの兵器や部隊は使うことができなくなる。

もしこの演習を観察している人々がいるとすれば、彼らが目にするものは乱雑な混乱であり、両軍の戦士たちにとっては恥以外の何ものでもない場面である。兵器類は壊れて使えなくなり、兵士は何をしたら良いのかわからずにしばしば立ち尽くすような状態だ。

このような状況に士官たちを直面させて、彼らに解決法を考えさせるのである。実際の作戦行動は即興の連続だ。彼らは機動の仕方だけでなくメンタル面での柔軟性も学ばなくてはならない。

さらに重要なのは、誰もこの演習の結末を知らないようにしておく、ということだ。この演習でのルールは「あらゆる手段を使って相手に勝つ」ということだけであり、それ以外のルールには従わなくてよい。ズルをしてもよいのだ。

つまり演習そのものが混乱をきわめた状態のなかで行われなくてはならない。そしてこのプロセスを通じて、部隊は本物の戦闘能力を身につけることができるのだ。

パレードが上手い軍隊は役に立たない

私は世界中の軍事演習を見てきたが、どの部隊が優秀なのか無能なのか、常に見分けがついた。たとえばキビキビとした動き、寸分の狂いもないタイミングでものごとを実行している軍隊は、たしかに長時間の訓練をこなしていることがわかる。しかし、それは劇場で見せるような華やかなショーのためにエネルギーを費やしているだけで、本物の戦闘力は身につけられていない。しかもその訓練の費用に予算のほとんどが使われてしまっているのである。

たとえば中国の軍隊がそれだ。

習近平が視察する中、内モンゴルで開催された、ある軍事パレードのニュースを見たが、その様子はまさに圧巻で、極めて精度の高い、タイミングもすべて合った素晴らしい動きをしていた。戦車、装甲車、歩兵、空軍など、すべてが実に鮮やかな正確さで動いていた。しかし、これらは無価値な戦力だ。これらの車両は、本来だったら整備に回しておき、本物の戦闘に備えておくべきものだ。

アラブ諸国の軍事演習も同様である。彼らも正確で華やかな、実に素晴らしい演習を見せてくれるが、実際の戦闘力には結びついていない。

戦車を正確にパレードさせるためには、その動きを何度も練習しなければならず、その分、本物の演習のための時間と予算を食いつぶしてしまう。だから、見事なパレードを行う軍隊ほど、実際の戦争には役に立たないのである。

フィンランド軍の「実力」

それに対して本当に実力を持った軍隊とはどういうものだろうか。たとえばフィンランド軍の軍事演習を見たことがあるが、ひどい状態である。立ち尽くしていたりウロウロ歩き回ったりする兵士たち。今まで見た中でも、最も悲惨な部類に入る。ところが彼らは肉体的にも精神的にも完全に戦う準備ができているのだ。

だからこそフィンランドは、ポーランドやバルト三国がやっているように、外国に向かって守ってくれるように必死でお願いするようなマネはしない。ロシアが侵攻してきても、戦い、そして勝つ準備ができているからだ。そしてロシア側も、この事実を知っている。

戦闘において、フィンランドの実行する「適切なやり方」とは、華やかさとはまったく無縁である。まずロシアに侵攻させる。そして彼らがエンジンを切った瞬間に突進して、軽装備の武器やナイフを使ってロシア兵を殺害するのである。

本当に実力のある軍隊は、全てをパーフェクトに観客に見せるような演習（演劇）はできない。そのための練習を行う時間などないからだ。全ては本物の戦いのために注ぎ込まれているのである。

自衛隊がいまどのような演習を行っているのか、私は詳しいことを知らない。ただしひとつだけ言えるのは、もしその演習が素晴らしく規律のとれた、見た目も華やかなエレガントなものであったら、その軍隊は弱いということだ。

「摩擦」と「中断」の戦争論

いずれにしても、これからの自衛隊が目指すのは、本当の戦闘能力を持った軍隊である。それを可能にする条件はすでに整えられている。なぜなら自衛隊は、それを実現するだけの手段は持っているし、テクニカルなスキルもあり、任務を遂行する意識も高い。誰かに押し付けられた規律ではなく、自己規律を持っているのだ。

変化のために唯一必要なのは、実際の戦争で発生する「要素」を再現できるような本物の「演習」だ。ちなみにここでいう「要素」とは、クラウゼヴィッツのいう「摩擦」である。「摩擦」とは、細かなミスや遅れが積もりに積もって、互いが接着剤のように固まって大きな障害となり、あらゆる活動を難しくするものであり、敵の効果的な活動によっても生じるものだ。戦闘には当然、敵がいて、つねにこちらの行動の邪魔をし、十分な実力を発揮させないように行動する。言うまでもないことだが、演習にはそうした敵はいない。

本物の演習は、それが有効であればあるほど悲惨なものだ。混乱してボロボロでなければ本物の演習にはならないのだ。下士官から将官まで、問題が続発するので、生き残りたければ学ぶほかないのである。それには前進であれ後退であれ、アクションを起こすことだ。戦場では、止まってしまうことは死を意味する。

戦争で最も安全な状態は攻撃を行っているときだ。こちらがイニシアティブを握って行動し続ける限り、相手は反応するしか選択肢がなくなるからである。その意味で、「攻撃は最大の防御」なのである。

よって、戦争で守る原則は以下のようになる。

①　常にアクションを仕掛けること
②　即興性を恐れないこと
③　リスクをとること

である。

このような観点から考えると、米軍の中で最も実力が高いのは沿岸警備隊であることがわかる。沿岸警備隊のすごいところは、C－130輸送機から、隊員が海に向かって飛び降りて、漁船の乗組員を救助したりしていることだ。

彼らは常に自然と戦っており、大西洋の荒い天候を克服しなければならない。しかも毎日出動して救援作業を行っているし、麻薬の密輸犯を逮捕しているのだ。彼らは毎日「演習」しているようなものだ。彼らの即応性の高さはモデルになるべきものだ。

こうした軍隊の特徴は、理論上の能力（スペック）と本当の実力の差がほとんどないことである。兵士数、装備などの理論上の実力と、本当に現場で機能する実力とに乖離《かいり》がある軍隊は少なくない。

それらを考えてみると、日本の自衛隊はサプライズ（奇襲）を基盤とした演習を始めなくてはならない。警告なしに、カレンダーに入っていない、準備のない状態での演習だ。命令が下ったら即座に動くのである。これを繰り返せば、本当の「戦闘能力」を得ることができる。これはまさに沿岸警備隊が日常の業務で実践していることなのである。

第四章　日本は核武装すべきではない

核兵器とは、その国のリーダーが「正気ではないことが確証された場合」にだけ有効なものなのだ。

国論の分断、同盟の亀裂

北朝鮮の危機が迫る中、日本や韓国で核武装についての議論が起こりはじめている。では、日本は北朝鮮の核に対抗して、核武装すべきなのか。答えはNOだ。

核武装は北の脅威に対して、まったく意味をなさないばかりか、大きな障害にしかならないからだ。

まず核兵器を保有しようとすれば、日本国内でほとんど永遠とも思われるような議論が巻き起こり、国論を分断するだろう。国家のパワー、危機に対してどれだけ立ち向かえるかという力は、国民がどれだけ団結できるかにかかっている。国論が分断されてしまえば、その国家は必ず弱体化するのである。しかも日米や日豪のような同盟関係を損なうことにもつながるだろう。

そもそも核兵器には大きな問題がある。それは、核兵器を使った瞬間、その国はまともな国だとみなされなくなるということだ。

言い換えれば、核兵器とは、その国のリーダーが「正気ではないことが確証された場合」にだけ有効なものなのだ。だから金正恩は、「正気ではないことを確証された存在」だと見せるために、あらゆる努力をしてきたのである。

日本はクレイジーな国ではない。だからいかなる目的であっても核兵器を使うことは不可能だ。絶対に使うことのできない兵器に、莫大な税金をつぎこみ、他のもっと有益な軍備を削ってしまうのは、政治的にも、軍事的にもまったく合理性がない。

有益性の限界点を越えた兵器

なぜ核兵器が「使えない兵器」かといえば、あまりに強力すぎるからだ。有益性の限界点を越えてしまった兵器なのである。

一九五一年、アメリカが朝鮮半島で戦っていたとき、マッカーサー元帥は核兵器の使用によって相手を脅そうとした。そこでトルーマン大統領がとった決断は、マッカーサーを解任することだった。このとき、アメリカ兵は連日、戦闘で命を落としていたが、それでも核兵器は、実際に使用するにはあまりにもパワフルだったのである。

パキスタンは一九九八年に核実験を成功させたが、その翌年、インドとの間でカールギル紛争が起きた。両国はともに核兵器保有国だったが、核兵器のかわりに、歩兵や砲兵、戦闘機を使うことしかできなかった。核兵器の使用は考えられもしなかったのだ。

たとえば酒場でケンカに巻き込まれたとき、ナイフは使える武器となる。拳銃でもいいかもしれない。ところがそこに戦車があっても役には立たない。これと同じで、核兵器というのはあまりにも強力であるために、実戦ではまったく使えない代物なのだ。

戦略には有益性の限界点というものが存在する。たとえば、大国が一方的に小国を攻撃しようとすると、強すぎる大国を脅威に感じた周辺国家が同盟を結び、小国の味方となる。強すぎることは、かえってマイナスの結果を生むことがあるのだ。

何もしないことが戦争を招く

核兵器の唯一の使い道は、相手の核兵器の使用を抑止することだけだ。しかし、抑止戦略が成り立つには、相手が正気であること、すなわち自分と同じように、「もし核兵器を使用したら、相手も使ってくる。そうなったら自国は破滅する」と考えてくれるという前提が必要なのだ。

この抑止の論理を北朝鮮が受け入れるようであれば、非核化も可能になるだろう。一方、非核化へのプロセスを受け入れなければ、抑止の論理も通じないことになる。

だからこそ私は、日本の核武装は有益性に寄与しないと考える。戦略家としての意見を言わせてもらうならば、日本が核武装の代わりにやるべきは、何度も言うが、先制攻撃能力の構築だろう。

人間は平時が続くと、何もしないでいればその状態が永続的なものになると考えたがる。しかし、だからこそ戦争が発生するのだ。何の選択もしないことが戦略的には最も悪い結果を招く。戦争を防ぐには、敵の買収、友好国への援助、さらには、先制攻撃で敵の攻撃力を奪うこと、相手に降伏することなど、様々な選択肢が考えられるが、何もしなければ戦争への道をとめることはできない。

いま、日本が直面しているのは、そうした事態なのである。

第五章　自衛隊のための特殊部隊論

「特殊部隊」とは小規模で、目立たず、効果的な組織でなければならない。そこで求められるのは、支援のない状態で自律的に活動できる能力であり、リスクを恐れない精神である。

「本物の戦争」における特殊部隊

自衛隊はこれまでの「同盟メンテナンス」から、「自前の国家安全保障」へと目的を切り替えなくてはならないだろう。つまり日本は日米安保の「タダ乗り野郎《フリーライダー》」ではなく、直面する危機に対して、自分たちでできる限りのことをしていると示す必要がある。そのとき、身につけなければならないリアルな能力のひとつが「特殊部隊」である。

この「特殊部隊」を理解することは、新しい戦争文化を考える上でも重要だ。

第二次世界大戦は、軍隊の本来の役割としての破壊と殺傷が行われ、その後に継続性のある平和がもたらされたという意味において、「本物の戦争」だった。このような「本物の戦争」では、特殊作戦は全体的な軍事作戦の中で非常に小規模なものであり、その役割も大きなものではなかった。たとえばドイツ国防軍が三百万の兵力だったとして、特殊部隊はその中の一つの部隊にすぎず、その人数もたった三百人ほどであった。ブランデンブルク連隊がそれである。

米軍は九十個師団をもっていたが、特殊部隊といえるのは、東南アジアのビルマ戦線などに投入されていた、俗に「メリル襲撃隊」と呼ばれる５３０７混成部隊くらいで、三千人ほどの規模である。イギリスのＳＡＳ（特殊空挺部隊）も、アフリカのドイツ軍の補給線や飛行場を攻撃する小規模な部隊だった。

ビン・ラーディン殺害作戦

それに対して、今日のアメリカの特殊部隊はどうだろうか。陸、海、空、海兵隊の特殊部隊を統合指揮しているのがアメリカ特殊作戦軍であるが、その規模はあまりに大きく、予算も巨額で、もはや陸、海、空、海兵隊に続く、第五の軍種になっているかのようだ。特殊作戦軍専用の機材も多い。その一例が、特殊部隊専用のＣ－１３０輸送機だ。これは通常のＣ－１３０の倍の価格なのだが、その理由は特殊作戦に必要な赤外線レーダーや暗視スコープなど、専用の特殊機器が必要になるからだ。

この特殊作戦軍の特徴としてあげられるのが、過剰に精緻化された作戦計画である。

その典型がオサマ・ビン・ラーディンを殺害した作戦だ。ターゲットに対してあまりにも調査や準備をしすぎたために、ともすれば敵を見失ったり殺害のタイミングを逃す恐れもあった。そして、最終的には特殊部隊員を満載したヘリを二機も送り込んだのだが、それは門番も含めてたった二人の、しかもすでによく知られたターゲットを殺害するためだったのである。

このような傾向はほかでもしばしば見受けられる。たとえばイラクで最も活動的だったテロリスト、ザルカウィの居場所をようやく見つけても、米軍はそこに突入して彼の身柄を拘束したり、証拠となる文書やコンピュータを押収しようとはしなかった。当時、イラクには米軍特殊部隊員をはじめとする多数の米兵がいたにもかかわらず、である。米軍が最終的に行ったのは、F-16戦闘機で彼の家を空爆するというものであった。ザルカウィと一緒に証拠まで吹っ飛ばしてしまったのである。

過剰な調査の弊害

ここに見られるのは、非常に高価で精緻化された計画を実行しようとする部隊の姿である。極めて単純なことをするための作戦を、彼らは恐ろしく複雑なものに作り変えてしまう。そのため、実際に行動する段階まで時間がかかりすぎるのだ。

単純な軍事作戦を行えばいいことでさえ、彼らは「実行可能性調査」（FS）の前に「前実行可能性調査」（PreFS）を行う。さらに強烈なインテリジェンス（情報収集）を行うために、百回も航空機や無人機を飛ばし、徹底的にターゲットを調べ上げるのである。

もしあなたがテロリストだとして、自宅の上空に無人機が数週間にわたって何度も飛来したらどう感じるだろうか。普通は、自分がターゲットになっていると気づき、すぐに逃げ出すだろう。

つまり、彼らは敵にわざわざ気づかれてしまうようなインテリジェンスを要求するのだ。なんのために？　もちろん作戦のリスクをゼロにしたいからだ。

ここに現代の戦争文化の歪みが典型的に現れている。つまり、あまりにも精緻化し、コストがかかり、そのうえ、成功率を下げるやり方へと進んでいるのだ。

犠牲者を出さないための作戦

これは実際のところ、ある単純な事実を避ける行為でしかない。それは、戦争を行う以上、犠牲者が出る、という事実だ。彼らは十万人規模で侵攻した国で戦っておきながら、自軍からは犠牲者を出してはいけないと考えるのだ。

個人的な話をしてみよう。私は南米のボリビアという国に牧場を持っているのだが、そこに行くためには現地の航空会社の、三十五年も酷使されてきた飛行機に乗らなければならない。しかも空港の滑走路は舗装されていないのだ。管制塔もなければ気象観測装置もない。つまりそこに行くまでにはある程度のリスクを覚悟しなければならない、ということだ。

それと比較すると、アメリカの戦闘機のパイロットは、第三世界の民間の航空会社の飛行機の乗客よりも安全だということになる。そしてこの安全性は、たとえば対空砲などが備わっている地上からの攻撃を避けるために、高高度から空爆を行うことなどで実現されているのだ。

同じことは特殊部隊についてもいえる。私もデルタフォース（米陸軍の対テロ作戦部隊）、空軍の特殊部隊、ネイビーシールズ（米海軍の特殊部隊）などが作戦を行おうとするところを見たことがあるが、彼らがやろうとしていたことは、私が昔、実際に歩兵として任務で行ったようなものばかりであった。もちろん私はその当時、彼らが使っているような特殊な武器や機材は使っていなかった。

たとえば特殊部隊の任務中の犠牲率は、アメリカの都市で夜中まで開いているコンビニの従業員が強盗に遭う確率よりも低い。なぜだろうか？　彼ら特殊部隊は、「前実行可能性調査」、「実行可能性調査」、そしてさらなる計画の検討などを経て、計画を作り込みながらも、しばしば直前になって実行をキャンセルしたりするからだ。

先に挙げたザルカウィのケースでも、おおぜいいたはずの特殊部隊員は何の役にも立たなかった。ここにはＣＩＡの準軍事部隊の隊員も含まれる。彼らのほとんどは通常の特殊部隊に入れなかった人間だが、ＣＩＡの一員として倍の給料をもらっている。

ところが彼らはザルカウィを直接捕らえるのはあまりにも危険であると判断した。ろくに銃も撃てないようなアラブ人によって守られているビルに組織的に突入して、テロリストを倒すというリスクを冒したくなかったからである。その結果が、より高コストで、その後の情報収集にもつながらない空爆だったのである。

特殊部隊をダウンサイジングする

ネイビーシールズやデルタフォース、レンジャー部隊や空軍のコマンドなど、彼ら特殊部隊が活躍するドキュメンタリー映画やインタビュー、それに本などを楽しむのはかまわない。ただしそこで考えてみてほしいのが、その作戦にかかった費用と、それによって得た成果のことだ。

軍事史に詳しい歴史家であれば、第二次世界大戦におけるアメリカの「メリル襲撃隊」が、ビルマの日本軍に対してそれほど戦果を挙げることが出来なかったことを知っている。近代的ゲリラ戦を創始した一人、イギリスの天才ウィンゲート准将率いるチンディットという特殊部隊もたしかにそれほど大きな戦果は挙げられていないが、少なくともそれを経済的にやっていたことは間違いない。「本物の戦争」では、特殊部隊とは小規模かつ安価に、目立たない形で成果を挙げるものだった。つまり、彼らが担当した作戦が「特殊」だったのであり、けっして高価な「特殊な武器」や精緻すぎる計画や情報収集を必要とするものではなかったのである。

私は、これからの「特殊部隊」は、その本来の姿に戻るべきだと考えている。アメリカの特殊作戦軍は規模を十分の一に縮小すべきであり、予算の規模も現在の五％程度にすべきだ。

そして彼らをまさに「特殊」な作戦部隊に戻すのである。

実行もできなかったアンバースター作戦

なぜ現在の「特殊部隊」が優遇され、肥大化したか？　それは繰り返しになるが、現代の戦争文化が、戦争による犠牲者を受け入れられないことに起因している。

それによって作戦上でのリスクを背負えなくなるために、作戦計画の無駄な精緻化が進み、莫大なコストをかけながら、結局はほんのわずかなことしかできないという結果になるのだ。

その代表的なケースがアンバースター作戦だ。

これはボスニア内戦の際、スルプスカ共和国（ボスニア・ヘルツェゴビナから分離したセルビア人勢力）の参謀総長だったムラディッチの逮捕を目的とした作戦だった。ムラディッチは一九九二年から行われたサラエボに対する包囲攻撃や、一九九五年七月、スレブレニツァで八千人以上が殺害された「スレブレニツァの虐殺」に関与した疑いで、戦争犯罪人として手配されていた。

当時、スルプスカ共和国にいたとされたムラディッチを捕獲するために本当に実行しなければならなかったのは、二人で現地のタクシーに乗ることだった。運転手と一緒にランチを食べて買収し、ターゲットの住処に行き、ムラディッチを連行してきて、後部座席に座らせ、一人が彼の口に銃をくわえさせ、もう一人は助手席に乗って連れ去るというものだ。あるいは、隣のボスニア・ヘルツェゴビナに拠点を置き、そこからデリバリー用のバンや運搬車などに三〜四人の男を乗せ、野菜を配達するふりをして、ムラディッチの住処に乗り付ければいいだけの話なのである。

しかし、実際に立てられた計画は、政治的な事情もあって、きわめて複雑なものになってしまった。

作戦を立てたのはアメリカの特殊作戦軍だったが、イギリスの特殊部隊であるＳＡＳも関与することになった。すると、指揮系統が二つできてしまい、ワシントンとロンドンで何度も作戦会議が開かれることになる。その計画作成の間、ターゲットが何をしているのか監視しなければならない。そこで、監視の専門家であるＦＢＩが投入されることになった。ムラディッチが地元のスリボビッツという酒を買いに出たり、ミルクを買いに行ったり、一緒に住んでいる女性が野菜を買いに行く様子など、すべてを監視するのだ。

それは当然、監視していることが相手に気づかれるリスクも伴う。ここで問題になるのが、ムラディッチが戦争犯罪人だということだった。オランダのハーグにある旧ユーゴスラビア国際刑事裁判所に身柄を引き渡す必要があるために、殺害してはならず、必ず捕らえて連行しなければならないのである。

そこですでに二百人ほどに膨れ上がっていたアメリカの捕獲計画担当者たちは、安全な身柄の運搬のために、アメリカからわざわざ連邦保安官を参加させたのである。連邦保安官が、拘束された容疑者を移動させるエキスパートだからだ。

しかも万が一、現地のスルプスカ共和国の民兵たちが介入してこないとも限らないので、それに対処するために支援部隊が必要だということになった。このような支援部隊の数も大隊規模に膨れ上がってしまい、彼らには航空支援が必要だというので、米空軍も関わることになったのだ。

この時点で、たった一人の戦争犯罪人を捕らえるために、一つの大規模な戦闘を行うような状態にエスカレートしてしまったのである。これはボスニア・ヘルツェゴビナの内戦を再開させてしまうことにもつながりかねない。

よって、彼らは作戦を中止した。この時点ですでにロンドンとワシントンの間で調整をするために何度も行き来した旅費などの経費もふくめ、数百万ドルが注ぎ込まれていた。

これこそまさに、リスクの回避が莫大なロスを生む典型例である。

イラン人質救出作戦はなぜ失敗したか

これは一九八〇年にカーター政権が行った、イランの米大使館の人質を救出するための「イーグル・クロー作戦」にも見られた病理だ。

アメリカはイランに、ヘリで陸軍の特殊部隊デルタフォースを送り込もうとしたのだが、そのヘリは海軍のRH-53Dという掃海機だった。ただし輸送の担当は海兵隊だったので、パイロットは海兵隊員であった。そしてこのパイロットは海軍のヘリの操作には不慣れだったのだ。

ここでの問題は、官僚的な都合から、陸、海、空、海兵隊の四軍がそれぞれ役割を果たさなければならなかった点である。デルタフォースは人質の救出、海軍と海兵隊はヘリとパイロット、そして空軍は救出後の輸送機を提供したわけだが、それぞれが別々のプロトコルや戦闘規定、そして異なる通信網や周波数などを使用しているために、現場の動きに統制が取れなかった。その結果が、集合場所（デザートワン）でヘリが輸送機にぶつかる事故を起こして、作戦が中止されるという事態だったのである。

この反省を活かして作られたのが特殊作戦軍の下に置かれた統合特殊作戦コマンドである。将来の混乱を避けるという統合の理念そのものは素晴らしい。ただしこの組織は段々と予算を増額するようになり、さらなる精緻化を始め、次第に独立した軍種のように活動し始めたのである。

これがイスラエルのやり方だ

アンバースター作戦の正反対の例が、イスラエルが起こした事例である。

二〇一二年一月、テヘランで、イランの有名な核科学者であるモスタファ・アフマディ・ロシャンが暗殺される事件が起きた。ロシャンはイランの核開発計画における最重要人物の一人であり、イスラエルは彼を排除したがっていた。

ロシャンは朝、出勤するために装甲のついた車に乗り込んだ。前後にはセキュリティサービスの車が固めていた。ロシャンを乗せた車が走り出すと、若者二人が乗ったバイクが近づき、磁石付きの爆弾を装甲車のドアの両側につけたのである。運転手と科学者はその爆発で即死した。当時のイラン大統領はアフマディネジャドだったが、彼はイラン科学技術大学で都市工学を専攻し、交通エンジニアリングに関する論文で博士号を得ている。しかし、彼が治めていた首都テヘランは交通渋滞がひどく、そのために暗殺者たちはバイクで楽々と逃げおおせたのである。

この作戦では、ロケットもミサイルも、ヘリコプターも使われていない。「実行可能性調査」も行われていない。たった二人の若者が車に爆弾をくっつけてバイクで逃げただけだ。これこそ、私のいう本物の「特殊作戦」である。

実戦を知らない計画立案者たち

特殊部隊をうまく運用するにはどうすればいいのか？　まずわれわれがすべきことは「非構造化」である。シンプルな状態に戻すのだ。人数を減らし、組織構造もわかりやすいものにするのである。複雑であるがゆえに、メンテナンス面での維持や整備が大変な特殊な機材もやめたほうがいい。そして、作戦計画の面でもグロテスクな精緻化を放棄し、実際の作戦行動そのものを活発にするのだ。

もちろん戦争におけるリスクの最小化は目指されるべきである。しかし、これが日常的に最大限のレベルまで要求されるようになっているのだ。しかもその計画を作成しているのは、実際に戦闘で相手と戦った経験もないような人間たち、戦争のリスクについて何もわかっていない人間たちなのである。そのために、アンバースター作戦のように、計画がどんどん肥大化して、最後には自重で崩壊してしまうのである。

日本にフィールド・サービスを

では、日本の自衛隊において求められる「特殊部隊」とはどのようなものだろうか。それは現在のアメリカのような肥大化したグロテスクなものではなく、もっとシンプルで実際的なものでなくてはならない。特別な武器や機材（こういうものはすぐ壊れる）は必要ないし、映画のような複雑な作戦計画も求めてはならない。「前実行可能性調査」、「実行可能性調査」、監視グループなどは必要ない。バックアップ・グループや支援グループ、撤退部隊などもいらないのだ。

日本の自衛隊が特殊部隊的な能力を身につけることは、「同盟メンテナンス」の役割から本物の実力を持った組織へと変わっていく上で極めて重要だ。ただしそのやり方はアメリカではなくイスラエルのような方式をまねるべきだ。イスラエルは実に多くの作戦を展開しているが、それは小規模で目立たず、ひたすらに作戦を実行する、本来の意味での「特殊部隊」によって行われている。

日本の場合、特殊部隊的な動きが必要とされるのは、たとえば情報収集である。

日本は高い技術力を持ち、通信傍受を行い、衛星写真を撮影することができる。防衛省にも情報本部があるし、外務省も外交の一環として世界中の情報を集めている。したがって、日本に唯一足りないのは現地での諜報活動、つまりフィールド・インテリジェンスだ。現地に赴《おもむ》いて色々なことを観察したり見聞きしたり、そこで友人をつくるような任務である。こういった活動は非常に有益だ。

たとえば日本がどこかの国にＯＤＡで資金提供を行い、道路を建設する計画が持ち上がったとしよう。そのとき必要なのが現地でのフィールド・インテリジェンスだ。日本政府とその国家の間では、道路建設は、経済援助としても、友好関係の構築としても、申し分のないプロジェクトかもしれない。しかし、その道が通る場所に住む部族にとってもそうとは限らない。その問題を事前に察知できないと、結果的に建設反対デモが発生し、道路がつくれなくなるかもしれないのだ。ところが、往々にしてＯＤＡで支援が欲しい相手国の政府はこのようなことを何も教えてくれない場合がある。そのために現地情報を収集しておくことは重要なのだ。

日本にはこのようなフィールド・サービス、つまり現地情報を取ってくる機関というものが必要なのだが、これは小規模でよく、目立たず、効果的な組織でなければならない。つまり特殊部隊的な組織だ。

日本は若者を訓練して、海外で偵察活動に従事させるべきだ。そこで必要になるのは、旅が好きで順応性も高く、人の話をよく聞き友人をつくるのがうまい人材だ。たとえば夜遅くに公共のバスにのって、その運転手を説得し、いつものルートから外れたところで下ろしてくれるように頼むことができるような能力が求められる。あるいは大きな国際会議に行って、中国の有名な教授に会って、「あなたはとても有名な方ですね。北京政府にとって極めて重要なあなたは政府からどのような仕事を与えられているんですか？」と聞けるような人間でなければならない。つまり、スパイは非常にフレンドリーな人間でなければならないのである。

ヒューミントの重要性

私も英陸軍でのキャリアを偵察兵として始めた。そしていまだに同じようなことをやっている。たとえば私は最近も大連などに行ったが、その際に現地の中国人から車を借りて北朝鮮との国境付近まで足を延ばしている。現地の状況がどうなっているのかを見たかったからだ。ウラジオストクにも行ったが、現地の運転手を説得して、三百キロ向こうの北朝鮮との国境にあるハサンにも行った。これこそが「偵察」だ。現地に行って何が起こっているのかを観察して確認するのだ。

人間による情報収集、つまりヒューミント（HUMINT）は本当に不可欠なものだ。実のところ、日本に最も欠けているのはこの点だ。他の点では日本もそれなりの情報収集能力を持っているが、ヒューミントは欠けている。

もちろんそのためには、言語だけでなく、文化に対する理解も深くなければならない。

私はCIAの中東専門家という人物によく会うが、彼らの多くはアラビア語も、ペルシャ語も、トルコ語も喋らない。おそらく東アジア専門家もいると思うが、きっと日本語も、中国語も、そして朝鮮語も話さないだろう。現地の言葉を知らなければ、現地の人々と話をするのは不可能だ。

北朝鮮でスカウティングを行うには

より作戦に近い領域でいえば、スカウティング（監視活動）だ。これは最小規模の部隊によって敵の陣地深く、もしくは最前線で行われる。その任務は現地の観察、情報収集であり、戦うことは求められていない。したがって、装備は最軽量、武器も最軽装で、自衛や脱出のためだけに使う。

このスカウティングを行う部隊は、偵察部隊とは異なる。偵察部隊はそれなりの装備、つまり敵に攻撃を加えて反応を試し、実際にどれだけの装備を持っているのかを調べるのが本来の役割だ。たしかに正規軍よりは装備が軽いが、それでもかなりの戦闘力を備えている。

自衛隊の特殊部隊が発展させるべきは、このスカウティングである。これは先制攻撃能力の獲得のためにも不可欠な能力である。

たとえば北朝鮮のミサイル施設に的確に先制攻撃を実行するには、衛星写真や航空写真も重要だが、それで全てがわかるわけではない。もしその攻撃目標に関する情報が十分でなければ、スカウティングを行う特殊部隊を降下させて現場に立たせる必要がある。もしその施設がフェンスで囲われていて、しかも警備されていたとすれば、それは鶏小屋などではなくて、本物のターゲットであると判明する。そして無線などでバースト転送を行い、シンプルに「イエス」か「ノー」を送るのだ。つまり地上での確認作業が必要なのである。

特殊部隊を現地に送り込む方法には様々なやり方がある。ある程度のリスクはあるが、潜水艦で送り込んでゴムボートで上陸し、任務を終えた後にまたゴムボートで沖に行って潜水艦に合流して脱出してもいい。一万メートル程度の高高度から降下し、三百メートル以下の低高度でパラシュートを開く、ＨＡＬＯ降下も可能だ。北朝鮮には年代物のレーダーしかなく、こちらの動きを察知できないし、よく壊れてもいる。高高度から降下させれば、航空機は北朝鮮の領域外からでも、滑空して侵入できるのである。衛星写真でもわかるように、平壌以外の北朝鮮の夜の暗さは、たとえば幕末の日本と変わらない。侵入しても目撃される確率は低いだろう。ただし持っていくのは小さな懐中電灯やナイフのようなものだけだ。

私は数カ月前に鴨緑江に行ったが、北朝鮮側の川岸には家が立ち並び、川に出るための小舟がつけられていた。鴨緑江には魚が豊富に棲んでおり、その小舟に乗って魚をとるのである。

もしあなたが特殊部隊の人間で、北朝鮮国内での作戦を終えて脱出しようとするのであれば、このような川岸の家の小舟に乗って鴨緑江を渡ればいい。エンジンやオールがなくても、最悪の場合は手でかいてでも、中国側に渡ることができる。

もちろん、これらの任務にはいずれもリスクがつきまとう。だからこそ彼らは「コマンド」、つまり特殊部隊と呼ばれるのだ。そこで求められるのは、支援のない孤立した状態で自律的に活動できる能力であり、リスクを恐れない精神なのである。

第六章　冷戦後に戦争の文化が変わった

現在の国際政治において、世界を脅かすような大国は存在せず、「ならず者国家」などによる小さな戦争や内乱が発生しているだけで、「偉大な国家目的のために戦われる戦争」は存在しなくなった。

冷戦後に起きた大転換

私は一九九五年、「フォーリン・アフェアーズ」誌に「ポスト・ヒロイック・ウォーに向かって」という論文を書いた。

以下、この論文をもとに、冷戦後に起きた「戦争文化」の転換について説明したい。

それは大きくいえば、次の三点に要約される。

・冷戦による戦争抑止状態から、戦争がより起こりやすくなった。つまり、歯止めがかかりにくくなった。

・冷戦期を含むナポレオン以降の戦争は、国民全体を熱狂させる「国民戦争」、「総力戦」の傾向が強かった。そこでは戦争は英雄的（ヒロイック・ウォー）だったが、現在、世界を脅かすような大国は存在せず、アメリカを直接脅かし、その重大な国益を害する「偉大な国家目的のために戦われる戦争」は起こりにくくなっている。

・そこでは犠牲者を出すリスクが過剰なまでに回避される。これが「ポスト・ヒロイック・ウォー」である。

この論文では、「ポスト・ヒロイック・ウォー」時代に適応した戦略とは何か、というテーマを論じたが、それから二十年以上経った今日、リスクを過剰に回避しようとする「ポスト・ヒロイック・ウォー」の行き過ぎは、もはや戦略的合理性を失う段階にまで来ている、と私は考えている。これは、日本が「同盟メンテナンス」から「自前の国家安全保障」への転換を必要としているのと同じ変化の流れの中にあるといっていい。

私たちはいま新しい「戦争文化」を必要としているのだ。

＊　＊　＊

総力戦の衰退

かつてユーゴスラビアであった地域で長期化した戦いと、一九九五年、エクアドルとペルーの間で起きたアマゾン国境地帯での戦闘をつなぐ共通項がある。それは数世紀前と同じように、戦争が再び「容易に開始しやすく、明確な制約もなしに行われるようになった」ということだ。

参戦者同士が戦争開始や戦闘であらゆる手段を使うこと――空爆や砲撃などによって町

全体を破壊することなど――に対する罰を与えられないと考えるようになると、軍事力の行使に対して自ら課した制限は下がるものだ。エクアドルとペルーの間の国境紛争は戦術爆撃が行われてから始まったのであり、しかもそれは単なる歩兵同士の小競り合いくらいの結果しか生み出さないかのような形で実行されたのだ。

こうした新しい戦争の時代の到来は、冷戦の終焉によるもう一つの結果である。とりわけ冷戦では、紛争地域におけるいくつもの熱戦を誘発もしくは強化したのであり、米ソ両国はそれぞれの同盟国や保護国に対して、現地の能力を遥かに越える武器や専門技術を供給してきた。そのような代理戦争の場となることが多かったのが中東である。

ところが同時に、核戦争へとエスカレートする恐怖は、米ソ両国がヨーロッパやその他の地域で直接対決するのを（それが最小規模のものであっても）阻止したのである。結局のところ、冷戦は世界各地における多くの潜在的な戦争を抑えこんできたのであり、その理由は米ソ両国がそれぞれの隷下の国々に勝手に戦争を起こすことを許さなかったからだ。さらにいえば、両国とも朝鮮半島やベトナム、それにアフガニスタンなどの地域で、自分の同盟国や衛星国が行う戦争をコントロールすることに関して、非常に神経質になっていた。ここでも直接対決や核戦争へとエスカレートすることへの恐怖があったのだ。

十八世紀の「慎重な」戦争

このような戦いを条件づけている戦争の概念というのは、特定の状況によって生み出されるものと認識されているわけではなく、むしろ普遍的なものであると見られてきた。

この概念では、戦争は国民の熱狂を引き起こす国家の偉大な目的のために行われること、そしてビジネス的に戦う職業軍人の集団ではなく、国家を代表する軍隊によって戦われることが想定されていたのだ。

ところがこのような想定は、戦争の概念のうちの一つにすぎないことは、軍事史に少しでも関心のある人々であればよく知っていることだ。この概念は「究極の真理」からはほど遠いものであり、むしろ近代によって発明された、どちらかといえば、より最近の時代に関連したものなのだ。

フランス革命以前のほとんどの戦争は、国民の熱狂を呼び起こすことはほとんどない、はるかに切迫性の少ない目的のために戦われたのであり、高価なプロの軍隊を温存するために慎重な戦略や戦術が使われていた。十八世紀の戦争では偉大な目標がなかったために全国民を戦争に向かわせることはできなかったが、それでも戦争を正当化するだけの控えめな目的があり、犠牲者が出るのをできるだけ避けることが標準的な規範となっていたのである。

戦争の新しい文化

緊張の度合いは高いが統制された「冷戦文化」では、軍事力の使用に対する抑制的な制限が必要とされていたが、これはインドやパキスタンのような非同盟志向の国家にも影響を与えているように見える。軍事力の使用は、冷戦期には世界中で非常に恐ろしいことであると見られるようになり、最大限の熟慮の上でのみ決定され、普通は「最後の手段」として用いられるものとなったのである。

国家がその関与を否定できるようなゲリラ作戦ではなく、通常の歩兵戦をエスカレートさせたり、歩兵戦ではなく機甲戦や砲撃支援、そして地上戦よりも空爆を行うことは、過去の場合のような現場の部隊の指揮官の自由裁量ではなく、国のトップの政治的な判断が必要とされるとみなされるようになったのである。もちろん現場の指揮官たちは（時には大声で）不満を漏らしたが、それでもこの新しい抑制的な文化を受け入れて従ったのだ。

もちろんこの抑制は、一九四五年から一九八九年までの間の（最も多く見積もった場合の）百三十八回もの戦争と二千三百万人もの犠牲者を防ぐことはできなかった。しかし、それ以前の二つの世界大戦を含む四十四年間では、それよりもはるかに多くの人々が犠牲になっているのだ。さらにいえば、この冷戦期（一九四五〜八九年）の百三十八回もの戦争による犠牲者の合計よりも、国内の暴動鎮圧や内戦の方が、抑制的な考えから生じる戦略面での慎重さが欠如した状態であったために、さらに多くの犠牲者を出している。

冷戦が終結し、「熱い戦争」を抑圧できなくなった今、軍事力の使用に対する抑制的な制限を促す文化は全体的に消えつつある。

イラク戦争を除けば、その結果はまず主にソ連やユーゴスラビアであった地域で出現した。東部モルドバ、コーカサス地方の三つの共和国、中央アジアの一部、そして最近ではチェチェン、クロアチア、ボスニア・ヘルツェゴビナなどで続いている長期戦や壊滅的な破壊、そしておびただしい数の残虐行為は、たしかに多くのアメリカ人を恐れさせ、その考えを変えさせた。ところが、これらの多岐にわたる暴力は、帝国が植民地へと大々的なスケールで権力を移譲した時とまったく同じ構造や、純粋に土着的な原因から発生していたのだ。それゆえに、われわれは新しい無制限戦争の始まりは、少なくとも地理的に限定されたもの（といってもその対象地域は広大だが）であると考えることもできる。

戦争がコントロールできなくなった

エクアドルとペルーの間の戦闘、ギリシャとトルコの間に増大する無謀さ、そしてカシミール地方におけるパキスタンの増長などから感じられるのは、新しい、そしてより制限の少ない戦争の文化が、はるかに広範囲で台頭しつつあるという不吉な予感である。

今やこれら多くの事例に対抗できる手段は何もない。侵略行為や故意のエスカレーションなどは処罰されずに存在し、勝者はすでに獲得したものを保持したままであり、敗者は自らのものを奪われたままである。

冷戦期はこのような状態ではなく、ほとんどの国は米ソどちらかの保護を受けることができたのであり、その米ソ両国も他の国々をコントロールする理由を持っていた。そして勝者たちは米ソいずれかとの協定によって獲得したものを徐々に減らされ、敗者も勝者側と同盟関係にない両国のどちらかに支援してもらえたのだ。

エクアドルとペルーの間で戦われたような国境紛争（一九九八年、エクアドルが敗北し、アマゾン地域の領土を放棄した）は、当然ながら極端に民族主義的な立場をとる政治家たちに再評価されているはずだ。軍事費が低下傾向にある多くのラテンアメリカ諸国においては、明確な反発は無理だとしても、軍事費削減の減速は確実に起こるだろう。政治・経済面で大きな利益をもたらした近年における最もポジティブな流れは、いまや危機的な状態にあるのだ。

リスクの最小化

ではアメリカは容易かつ無制限な暴力の新しい文化に対処できるだろうか？　外交の先には、「武力介入」という問題の多い対処法が存在する。ところが状況的には武力介入が有効な場合（もちろん想像不可能な状況もある）があるにもかかわらず、米軍は武力介入について、アメリカ国民から繰り返し全般的に否定されることになる。

これら世論の反応は、米軍の指導層が現在採用している、特定の戦争の概念や介入手法によって生じる不慮のコストだ。もし戦闘で米軍兵卒がさらされるリスクを、最小化する目的で大きく変換されるのであれば、提案された軍事介入に対する国民側の反応も変わるはずだ。アメリカは、他国による侵略や軍事的エスカレーションを、今よりも積極的に思いとどまらせることができるようになるだろう。

アメリカが当事者となって介入している場合、一般的な「戦争」という言葉の意味は、たとえば米軍の公式マニュアルなどにおいて、ほとんどは暗黙の了解となっている。ワインバーガー・ドクトリン、パウエル・ドクトリン、それにチェイニー・ドクトリンなどは、それぞれ米軍を戦場に送り込む決定をする際のいくつかの条件を提示しており、それらは同じ戦争の概念に則っている。これらの三つのドクトリンで触れられている条件の詳細は異なるものだが、そのすべてにおいて、アメリカの明白かつ致命的な国益が脅かされていることが条件となっており、アメリカは戦争に対する国民の熱狂が冷めるまでに、決定的かつ迅速に勝てるだけの十分な戦力を使用する必要があるとされている。

「偉大な国家目的のために」

「大きな目標のために戦われる戦争」というのは、当然のようにフランス革命やアメリカ独立戦争から生み出されたものだ。ただし私は歴史的な正確性は無視して、ここではとりあえずこれを「ナポレオン戦争」と名づけておく。なぜならここで言う「大きな目標」は、まさにナポレオンがやったように、大規模な作戦において大兵力を決定的に使用することを意味することが多いからだ。この概念は、ナポレオンによってあざけられ、カール・フォン・クラウゼヴィッツによって体系的に批判された、十八世紀のヨーロッパにおける典型的な戦い方に対する反応として生まれたものだ。

十八世紀のヨーロッパにおける戦争の際に使われていた、相手に見せつけるための部隊の機動的な動きは、一度も銃を発射することなく敵を撤退させる目的で行われたのだが、一旦激烈な戦闘が始まってしまえば、すぐに中止されるようなものであった。優位な部隊でさえ、勝利において犠牲が多く出ることがわかれば戦闘を避けたほどなのだ。戦闘の勝利にあたっては、決戦よりも長期的な包囲戦、そして全面攻撃よりも慎重な追撃のほうが好まれたのである。戦略レベルにおいては、よく練られた攻勢でもその目標はかなり控えめなものであり、成功しそうな作戦でも単に犠牲者を避けたいがために、冬期に備えて早めに手仕舞いされることが多く、攻撃による成果の発揮は、犠牲者の回避という遥かに高い優先順位によって常に避けられ、次回の戦闘のために部隊を温存し、線的な防御や要塞の構築や配備のためにはるかに多くの努力が傾けられたのだ。

ナポレオンはそのような十八世紀的な慎重な戦い方に対して、大規模な兵力や急速に集中する部隊の勢いを使った大胆な戦略的攻勢を用いることによって勝利したのであり、クラウゼヴィッツが提唱したのも、まさにこのような戦い方だったのである。

「偉大な国家目的のために戦われる戦争」やドイツ統一を念頭におきつつ、クラウゼヴィッツは、熱しきらずにリスクを避け、しかも長期的にはコストがかかるような戦い方が抱える論理面での誤りを明らかにした。

クラウゼヴィッツと効率性

もちろんクラウゼヴィッツは、政治的な考慮の優位を主張することによって、戦略における慎重さを推奨する最も強力な議論を展開している。ところがこれも、彼の戦術・作戦面における大胆さの効率性の良さを示す議論の前では、ほとんど力を持つことはなかった。この効率性の議論というのは、その野心的な目標を正当化するような文脈から簡単に切り離されやすいものであったのだ。

戦争に内在する永続的な構造や心理学について深い洞察力を備えたクラウゼヴィッツの教えは、いまだにそれを凌《しの》ぐものがないほどだ。リスクをとって成功した歴史上の偉大な指揮官たちのリスト（ブラッドレー［ノルマンディー上陸作戦などを指揮］やクィントゥス・ファビウス・マクシムス［持久戦略でハンニバルを苦しめた］たちのような慎重な勝者を排除し、パットン［果敢な進撃で知られる］やハンニバル［カルタゴの名将］のような積極的な人々を集めた、極めて偏ったもの）と同様に、これらの教えは米軍の教育機関である国防大学などでの議論で浸透しており、現在の野戦教範（フィールド・マニュアル）や公式のドクトリンなどでも容易に見つけることができる。

このような文書の多くでは、冒頭で「戦争の原則」（戦力の集中、多勢、勢いなど）を言い直したものが掲載されるのだが、実際それらのほとんどが、ナポレオン戦争時代におけるクラウゼヴィッツ式の原則なのだ。

ソマリア介入作戦の失敗

この「原則」は、核兵器を使わない軍事作戦の計画という意味においては、二つの世界大戦や冷戦の状況にとってたしかに当てはまるものであった。

ところが、それは現在の国内外の状況には当てはまらない。現在の国際政治において、世界を脅かすような大国は存在せず、わずかな数の「ならず者国家」による遥かに規模の小さな戦争や内乱が発生しているだけであり、そのどれもがアメリカを直接脅かすことはないし、その重大な国益を害するものでもない。したがって、ナポレオン戦争や、たとえばワインバーガー／パウエル／チェイニー・ドクトリンなどによって示されている軍事介入のための前提条件は、そもそも存在していないのである。

ところが最大規模の残虐行為にあふれた侵略行為に注目しながらも、ただ傍観していたために、アメリカは倫理・道徳面で被害を受けることになった。さらにいえば、戦争における新たな文化の広まりが、アメリカの物理的な利益に対して容易かつ急激に被害を与えつつあることは明らかである。銃撃が発生する場所では商業のチャンス（しかもその多くはかなり大規模なものだ）が毎日失われ、将来においてはさらにその数が増えるかもしれないのだ。

いくつかの現代兵器が発揮できる機能から考えれば、軍は本気でテクノロジーの潜在力を活用して十八世紀のような犠牲者を避ける方法を真似ることができるかもしれないし、実質的には血の流れない武力介入が実行可能となるかもしれないのだ。

それとは対照的に、現代の軍にはクラウゼヴィッツによって補強されたナポレオン戦争タイプの考え方がいまだに浸透しているのだが、それが直近の軍事面での必要性と極めて大きな違いを見せている。

たとえばアメリカのソマリア介入は、ハイリスク／ハイリターンの特殊作戦方式の大胆なヘリによる急襲が大失敗したことによって突然終わりを迎えた。ところがこれがアメリカの国益にとっては最も関係の薄い国における自由裁量度の高い介入であったという事情を考えると、リスクの高い手法は、それがどのようなものであれ、原則として全く不適切なものであった。さらに結果がどのようなものであれ、この介入を行うという判断そのものがひどいものであった。米軍のトップの計画担当者たちは、アメリカの特殊作戦軍司令部に対し、浸透しているメンタリティに沿う形で、本質的に犠牲者を出すリスクの高いタイプのソマリア介入作戦の開始を許してしまったのである。

犠牲に対する許容度

ナポレオン式の概念が応用できる限り、米軍にとって合理的な範囲で犠牲を出すことは許容されていた。「偉大な国家目的のために戦われる戦争」が暗示しているのは、たとえその数が大規模なものになっても、犠牲が出るのを積極的に受け入れるということだ。

さらにいえば、犠牲に対する許容度は、産業革命以前、もしくは初期の産業社会の人口動態、つまり家庭に多くの子供がいて、そのうちの何人かを病気で失うのはまったく日常的であった状況と一致している。若者を戦闘において失うのはたしかに悲劇的ではあったが、それでも一人、多くても三人の子供しかいない現代の家族に比べれば、完全に許しがたいことではなかったのである。

現代ではすべての子供が成人することは当然視されており、家族の感情的な絆を抱えていることが多い。アメリカでさえ、植民地拡大や目立たない動機を目的として戦われた、任意の大国間戦争の「燃料」となる「消耗品的な兵士」を過去に十分に供給できたことはない。しかも現代のような低出生率のポスト産業社会では、回避可能な戦闘におけるそのような「消耗品的」な命の供給は許容されないのである。

現代のように、プロとして給料や退職金も出る、出世を狙う兵卒によって占められ、犠牲者を出すことに不寛容な国家に属する軍隊が、民族主義や宗教的過激主義によって感情を燃え上がらせた敵に対処できるかといえば、それはほぼ不可能なことのように見える。ところが戦闘を避けて何もしないと、セルビアのような攻撃的な小国だけでなく、ソマリアの軍閥のような勢力でも、自由に暴れまわったり、自らの意志で勝利を獲得できるような事態が生まれてしまうのだ。

このジレンマを、前代未聞であったり解決不能なものであるとみなす人々もいる。ところが実際はそのどちらでもない。もしわれわれがナポレオン式の概念から離れ、十八世紀型の状態が歴史的に「普通」であったことが理解できれば、同じジレンマが出現してもそれをうまく克服できた、多くの歴史的な事例に気づくことができる。

ローマ軍の包囲戦

たとえば二千年ほどさかのぼってみると、まさに現代と同じようにプロとして給料や退職金をもらえ、出世を狙う人々によって構成されたローマ軍の兵士たちは、部族や宗教のために栄誉ある死を恐れない周辺地域の戦士たちと、日常的に戦わなければならなかった。ローマ帝国初代皇帝のアウグストゥスが、「トイトブルク森の戦い」で三個軍団を失い戦死した指揮官ウァルスに我が軍団を返せと嘆いた有名なエピソードでもわかるように、その当時から、ローマ軍側の上官たちは戦闘での犠牲者に無関心ではいられなかったのだ。その理由として、戦闘部隊を訓練するのにはコストがかかり、しかもローマ市民の人材が豊富というわけではなかったという点などが挙げられるだろう。

ローマ軍は部隊の損失を最小限化しつつ、ブリテン島からメソポタミアまでの敵に打ち勝つための、いくつかの対処法を持っていた。その基本と言えるのは、まず開けた場所での戦闘を避けることであり、自分たちがはるかに優位にあっても自発的に戦闘を始めることを最大限避けるというものであった。

ローマ軍は時と場所の不確実性に直面して、同じく不確実な犠牲や損害を出すよりも、むしろ敵に好きなポジション（しかもそれが強固に要塞化されていたり、地理的に優位なものであったとしても）まで撤退することを許しているのだ。流動的な状況を自らがより統制できる状況に変えることによって、ローマ人は体系的な包囲作戦を開始することを狙い、部隊を編制して武器を集積し、供給したのである。それでもまだ彼らの最優先事項は敵の防御を突破することではなく、包囲している部隊を守るために精緻な要塞をつくり、敵の反撃によって生まれる犠牲を最小化することだった。包囲戦は、包囲技術の優秀さと兵站面での優位という二つの面で、ローマ軍の得意とするところであった。これによって、彼らは包囲している敵の食糧が尽きるまで待つことが可能になったのである。計算された忍耐は、軍事面での優位を示すものであった。

ローマ軍の包囲戦の現代版ともいえるのが、貿易禁止や武力封鎖である。これは戦術的なものではなくて戦略的なものである。あいにくだが、ナポレオン式の概念が普及している限り、戦争に似たような結果を、戦死者を出すことなく達成するのは無理であろう。興奮した国家は結果をすぐ求めたがるものだが、貿易禁止や封鎖の効果というのはすぐに出るというよりもむしろ累積的なものであり、思ったよりも時間がかかることが多い。

さらにいえば、ナポレオン式の戦争の概念は、決定的な結果しか認めないが、貿易禁止や封鎖の効果は、完全というよりも部分的なものでしかない（それでも何もないよりははるかにマシだが）。

たとえば一九九〇年以来、このような包囲戦的手段は、サダム・フセイン率いるイラクの軍事的復活を抑えてきた。イラク軍は一九九一年の湾岸戦争で受けた兵器の損失から復活することを許されておらず、破壊された、もしくは老朽化した兵器の更新がままならずに弱体化が進んでいたのだ。もちろん禁止となっていたのはタンカーやパイプラインによる直接的な輸出だけであったが、陸上で運びだされる、それよりもはるかに少ない量の原油取引では、イラクの再武装には十分ではなかった。

また、国連がイラクの禁輸措置を解いたとしても、実質的な「封じ込め」状態は、深刻な軍事力の脅しのない状態ですぐに解消されるわけではなかった。ついでに言えば、大々的な戦争だけが達成できる決定的な結果は、この場合にはさらに一時的で不確定なものとなっていただろう。なぜならイラクの軍事力の完全な破壊は、即座にイランという脅威に対する封じ込めを遥かに難しくしたはずだからだ。

それと同様に、旧ユーゴスラビアでは、国連、ヨーロッパ共同体、もしくはＮＡＴＯによるあらゆる外交や軍事介入が大失敗する中で、ポジティブな効果を唯一生み出したのが、セルビアとモンテネグロへの禁輸措置（といっても、その成功は完全なものからはほど遠いものであったが）だった。セルビアとモンテネグロの軍事力への確実な（といっても計測不能かもしれないが）インパクトに加えて、禁輸措置はセルビアの最も過激なリーダーシップを和らげる効果があった。禁輸措置は少なくともボスニア・ヘルツェゴビナ、スロベニア、そしてクライナにいるセルビアの武装集団に対する、より露骨な戦闘・兵站面での支援を思いとどまらせたのであり、交渉に向かう態度を（それが武器禁輸の解除を狙ったものであったとしても）引き出すことになったのである。

この禁輸措置は、人命や血税を失うことなく、国連の、高価ではあるが効果のない武力介入や、それ以上に高くつくＮＡＴＯによるボスニア上空での航空警戒活動（その後、一九九五年八〜九月にセルビア陸軍への空爆を実施した）よりも、はるかに多くのことを達成したのである。

この二つの（少なくとも部分的な）成功例をのぞけば、これまでの封鎖や貿易禁止の歴史のほとんどは完全な失敗だとして言及されている。ところが、そのような扱いを受けているのは、「すぐに結果が出ないものであれば価値はない」という想定が土台となっているからだ。そしてこのような封鎖や貿易禁止、もしくは進行の遅い累積的な形の戦闘を最大限活用するためには、計算された意図的な忍耐を尊重する、新しい（というか復活した）戦争の概念が必要になるだろう。

これからもわかるように、ナポレオンやクラウゼヴィッツの「テンポ」や「勢い」などを無意識に強調する考え方は、たとえ迅速に動く理由がないような状況でも、強迫的ともいえる緊迫した感覚を生み出すことになる。

空爆と地上戦

「強迫的ともいえる緊迫した感覚」は、一九九一年の湾岸戦争の最初の週でも多く見ることができる。この時にイラク内の戦略目標に対して組織的な空爆が行われたのだが、これについて現場の多くの部隊の指揮官たちは明らかに我慢のできない様子で見守っていたのである。ニュースで流れてくる映像は、彼らの戦略爆撃や、それがイラク軍をはじめとする戦術目標への破壊につながって、素早く地上戦への道が広がるはずだという見方に対する、懐疑的な気持ちをさらに強めるものであった。

米軍の最高幹部たちは下から上がってくる「迅速な攻撃」を求める圧力に抵抗した。しかも、この圧力にはいかなる客観的な緊急性もなく、むしろ直感的な感情や、さらには官僚的な欲望が反映されたものでしかなかった。そしてこの圧力を完全に抑えこむことはできなかった。地上部隊に対して航空支援を行うための戦略爆撃を実質的に止めるはるか前の戦争開始から三十九日目の時点で、イラクの核・非核兵器に関する研究、開発、生産、そして貯蔵施設の組織的破壊に最適な航空機の多くは、四千台にもおよぶイラク軍の装甲車両の破壊任務にとりかかったのである。

航空作戦を戦略目標から戦術目標へと移してしまったことは、不満足な結果しか生み出さなかった。作戦後にも、多くの重要な核・生物・化学兵器関連の施設が破壊されないまま残ってしまったからだ。アメリカには戦闘機が豊富にあるにもかかわらず、精密誘導兵器で戦略目標を攻撃する兵器を完備していたのはたった二百機以下であった。しかも結局この数は、三十九日以内に指揮・統制施設、送電網、通信網、防空施設、そして石油精製・貯蔵施設、さらには航空基地や海軍基地、鉄道と車の陸橋、兵站集積所などを含む膨大な数のすべての目標を破壊するには、あまりにも少なすぎたのだ。

三十九日目になると、イラク側の兵力は空爆作戦のおかげでほぼ壊滅状態にあり、とりわけ前線の部隊へのほとんどの兵站線が寸断されていたのだ。したがって地上での攻勢開始の決断は早まったわけだが、それでもアメリカと同盟国側の犠牲者の数は（そもそも全体的にも少なかったために）変わらなかったのである。ところが空爆が十日間でも伸ばされていれば、戦略目標に対する出撃数は二千回ほど増えたはずだ。戦略レベルの規模での精密誘導爆撃という新しい手法は、全体的に進むスピードがあまりにも遅く、たしかにコストはかかるが、累積的な結果においては効果が高い。ところがその潜在力を存分に発揮するための十分な時間は与えられなかったのだ。

地上戦での迅速な勝利は戦争後半に最も重要な役割を果たしたのだが、ここから判明したのは、ナポレオン時代の国民の戦争についての考え方が、今も支配的な影響力を持っていたということだ。もちろん最後の地上戦は「掃討作戦」以上の役割は果たさなかったのだが、それでも全体的な世論に対するインパクトは空爆作戦よりもはるかに大きかったのである。なぜならそれが素早く実行されたと同時に、目に見える形で決定的なものであったからだ。

忍耐強いエアパワー

ボスニアにおけるアメリカの空爆実行の主張に対する批判の土台にあったのが、「すぐに結果が出るような作戦だけが価値を持つ」という暗黙の前提である。司令官たちは「領域爆撃に似たものは、どのようなものであれ、一般市民の犠牲を多く出してしまう」という最初の声明の後、すべての攻撃目標は、精密攻撃を効果的にするにはあまりにも特定しづらいものであり、ボスニアの起伏のある地形の中に容易に偽装して隠すことのできるものであると論じている。彼らはあらゆる航空作戦を「素早く終わらせるべきもの」、もしくは「たった一度だけ行われるもの」という前提で論じていた。もちろんたった一度だけの精密誘導爆撃は簡単に失敗する。その瞬間に悪天候であったり、最後に確認した場所から目標が動かされていたり、うまく偽装して隠されていたりするからだ。そして当然ながら、セルビア人民兵がサラエボを砲撃する際に使用した一二〇ミリ迫撃砲などは、すぐに移動させたり隠したりすることが可能なのだ。さらに言えば、それよりもはるかに精緻な榴弾砲などの野戦砲も見つけにくい目標となりえるのである。

ところがこの議論は、一度だけの攻撃、もしくはあらゆる短期的な作戦と、何日も何週間も続けられる空爆作戦との違いを、完全にぼやけさせてしまうものだ。もし最初の空爆が分厚い雲のせいで失敗してしまっても、次の出撃、もしくはその次の出撃は晴天にめぐまれるかもしれない。もし最初の空爆作戦で隠された榴弾砲を見つけることができなくとも、次の出撃では砲撃しているところを発見できるかもしれない。そして攻撃目標が民間人に近すぎるために最初の空爆が中止されたとしても、次の出撃では空爆できるかもしれないのだ。空爆作戦を素早く終わらせようとする理由は何なのだろうか？　ボスニアでの戦闘は数年を経ても続けられたが、その理由は軍の指導者たちが「数日間で戦いを止めることができる」とは考えなかったからだ。

もちろん、もう一つのナポレオン式の戦争の考え方（「決定的な結果のみに価値がある」というもの）は、それ以上に重要である。米軍のトップが正しく指摘したように、空爆だけでは旧ユーゴスラビアの戦争を終わらせることはできなかったし、ボスニアを敵から守ることもできなかったし、一般市民を強姦や殺人、もしくは強制退去などから守ることもできなかったのである。

もちろん空爆だけで戦争を終えることはできないし、ボスニアを救うこともできないというのは正しい。しかし空爆を継続させることができれば、とりわけ破壊的な戦い方である、都市部に対する大砲の使用は確実に阻止できたはずなのだ。そうなれば悲劇的な状況を改善できたかもしれないし、アメリカが状況を深刻に考えていることを周知させることもできたはずだ。もちろんこれは完全な解決策にはならなかったかもしれないが、それでも何もしないよりははるかにマシである。

犠牲者の出ない戦い

現在の軍備調達や戦術ドクトリンは、古代ローマ軍の実践を思わせるものがある。たとえば攻撃的な行動をどこまで犠牲を出さないものにできるかを見るためには、ローマ軍の部隊の姿を思い浮かべるだけで十分であろう。大きな長方形の盾や頑丈な金属製の兜、大きな胸当て、肩当て、そしてすね当てなどは、あまりにも重かったために部隊の敏捷性を奪っていた。つまりローマ兵の身につけていた武具の防御力は非常に高かったのだが、その重さで、兵は撤退する敵を追撃することがほとんどできず、一時的な撤退に対しても追いつくことができなかったほどだ。さらにいえば武具の重さを相殺するために、敵を突き刺すための短剣だけが支給されたのである。ローマ人は、敵の損害を最大化するよりも、味方の犠牲者を最小化することに明らかに努力を傾けていたのである。

現代においてローマ人の要塞と同じことを行うということは、現代の技術によって壁や要塞を建造することではなく、むしろローマ人がその前提としていたこと、優先順位のつけ方を真似するということになる。つまり、犠牲者を出すリスクを減らすということだ。

現代の「ポスト・ヒロイック・ウォー」は、犠牲者を忌み嫌う時代の産物である。実際の軍事活動においては、犠牲者を出すリスクの回避が行動における決定的な要因となっている。そこには非英雄的な現実主義、軍事行動における過剰な小心さが存在する。

ナポレオン&クラウゼヴィッツ式のものから離れた新たな戦争の考え方には、忍耐力だけでなく控えめな要素も必要になる。そうなると、さらなる成果を求めれば兵士を危険にさらすことになり、かといって手を抜けば自尊心を傷つけてしまうような状況になるのだが、その帰結として、われわれには未解決な結果に甘んじる必要が出てくるのである。

Toward Post-Heroic Warfare, Foreign Affairs, May/June 1995

＊　＊　＊

次章では、この「ポスト・ヒロイック・ウォー」、すなわちリスクとその責任を回避する戦争のありかたが、現在では行き過ぎてしまい、かえってコストと被害を増大させているというパラドックスを詳しく論じたい。

第七章　「リスク回避」が戦争を長期化させる

勝利という目的は得たいのに、リスクという代償は払いたくない。
実際には莫大なコストがかかり、犠牲が増える可能性すらある。
軽減されているのは、指導者たちの責任だけだ。

ポスト・ヒロイック・ウォーの逆説

現在、「戦争は悪である」とみなされ、国家は戦争によって犠牲者を出すことを極度に恐れている。これは一見、当然に思えるかも知れない。国家に求められているのは、国民の生命、財産、安全を守ることであり、軍人もまた国民だからだ。

しかし、ここで重要なのは、国家はまだ戦争を捨てていないということだ。さまざまな政治、外交、その他の問題を解決しようとして、国家という「政治システム」はいまだに戦争を遂行し続けている。その一方で、戦闘で人が死んでも、それが政治問題になるのを避けたい、責任を取りたくない、というのである。

かつての戦争には、「国を守るための英雄」が存在した。これを「ヒロイック・ウォー」と呼ぶならば、現在の戦争は「ポスト・ヒロイック・ウォー」といえる。そこには犠牲者しかおらず、指導者たちは責任回避を最優先させるのだ。

この「ポスト・ヒロイック・ウォー」には二つの現象がみられる。一つは犠牲者を出さないために、とんでもない量のリソースや最先端のテクノロジーを使うということだ。

その一例がアメリカ空軍である。

仮に、シリアが北朝鮮から核開発のための高速遠心分離器を購入したとしよう。イスラエル空軍であれば、ある夜、シリアに出撃して空爆して帰ってくる。これと同じことをアメリカの空軍に命じたらどうなるだろうか。

彼らはまず「シード（ＳＥＡＤ）」を行わせてくれと言うだろう。Suppression of Enemy Air Defenses、つまり「敵防空網の鎮圧」のことだ。この作戦では、パイロットが敵の上空に侵入する前に、敵のすべての対空ミサイル、すべての要撃を行ってくるであろう戦闘機、そしてすべての対空砲などを鎮圧するという計画が完全に実行されなければならないのだ。これが実現してはじめて、アメリカの空軍は戦おうというのであり、しかも空爆する際は安全に高高度を飛ぶというのである。

つまり米空軍は実際の空爆の前に、千回以上の出撃を要するような「航空作戦」を行わなければならないのである。出撃が増えれば、その分犠牲者が出る可能性も高くなる。

ここに「ポスト・ヒロイック・ウォー」の重大な逆説が存在する。戦闘による犠牲をゼロにするべく行う作戦によって、かえって犠牲が増大する可能性があるのだ。

無駄だらけのグロテスクな作戦

もう一つ、イランが建設していた核施設を例に考えてみよう。イランの核開発計画は、いくつかの場所にわかれて進められていた。まず分離システムはナタンツの巨大な地下プラントにあり、ウランのガス化プラントはイスファハン、核反応施設はアラク、トンネルの中に遠心分離器のあるクォム、そして高爆発のテストについてはパルチンで行われていた。

この中のナタンツを攻撃するとしよう。百八十箇所のターゲットがあるとして、攻撃を確実にするために二発ずつミサイルを打ち込むとすれば、三百六十回の攻撃が必要となる。もしアメリカがこれを実行するとなると、空母二隻から八十機以上の艦載機を出撃させ、比較的近いカタールとクウェートの航空基地を使うことになるだろう。

この作戦にはF-15を三個飛行大隊分、つまり七十二機ほどが必要となるのだが、パイロットが撃ち落とされる危険性を考慮すると、一個航空団だけではなく、十個航空団が必要になる。すると、その準備や計画のためには数カ月の期間が必要となる。いざ実行となっても、千回以上の出撃と数カ月という時間を要する可能性もある。
これが「ポスト・ヒロイック・ウォー」のやり方である。大規模で精緻化されたやり方だ。

同様の作戦を、イスラエルならばどのように実行するか。これには実例がある。一九八一年六月のバビロン作戦だ。このとき、イスラエル政府はイラクが核兵器をもつ危険性があるという情報を入手して、原子力施設を空爆し、原子炉を完全に破壊した。イスラエルにはアメリカという同盟国があるが、近隣国の核による恫喝で、自国の安全が脅かされた場合には、まず自分で自分を守るしかないと考えたのである。

このときイスラエルは、モサド諜報員による調査で、イラクの防空網に引っかからない飛行ルートを割り出すと、F-16戦闘機八機を飛ばし、原子炉に爆弾を投下した。この爆弾も高度な誘導装置などない自由落下型のものだが、十六発中十四発が命中し、作戦を成功させたのである。これが実際的な戦い方だ。

これに対して、米軍の志向するやり方は、イラクのすべての戦闘機や対空ミサイルや対空砲を破壊したあとに、ようやく原子炉を破壊するようなものである。これによって作戦本体のリスクは軽減されるかもしれないが、規模があまりにも膨張してしまうことで、犠牲者の絶対数はむしろ増える可能性がある。作戦の準備段階で、百人単位のパイロットが命を落とすことも考えられるのだ。

アメリカの困ったところは、このような大規模な作戦を誇りに思い、米軍の強さのあかしだと考えていることだ。彼らはこのような無駄だらけのグロテスクな作戦を行うことにまったく恥を感じていないのである。

戦争が終わらない

「ポスト・ヒロイック・ウォー」はドローン（無人機）とミサイルを好む。とにかく犠牲を出す可能性から遠く離れたいのだ。

ここではイスラエルのテクノロジーが大活躍している。イスラエルは無人機の開発をどの国よりも早くからはじめており、搭載された望遠カメラで索敵して敵を確認し、小さな対戦車ロケットを使って相手を破壊するのだ。

こうした「ポスト・ヒロイック・ウォー」では、戦争がいつまでも続く。犠牲が目に見えにくいからだ。そして、驚く程の税金が投入され、ほとんど成果が得られないことも少なくない。

アメリカがアフガニスタンで行っているのはこのような戦争だ。彼らは驚くことにこのプロジェクトに数千億ドルを注ぎ込んでいる。移動する際にはヘリコプターを使い、兵士を送り込む前には五十回も上空から偵察を行わなければならない。襲撃予定地の航空写真も、たった一回で済むところを十数回撮る。これらはすべて、犠牲者が出るのを避けるためであり、そのために巨大な組織と資金を使うのである。さらに付け加えれば、戦場でアイスクリームを食べるためにも、こうした労力は費やされている。

ところが、彼らが戦っている相手は戦車も持っていないし、ろくな火砲も持っていない。空母や潜水艦だってないし、エアパワーも防空システムも持っていないのだ。持っているのは旧式のライフルくらいだ。そんなアフガニスタンを相手に、巨額の経費をかけて、アメリカ史上最長の戦争を継続しているのである。

「政治的に正しい」将軍たち

さらに問題なのは、米軍の将軍たちが、旧式の「英雄的な戦い」(ヒロイック・ウォー)

というものを否定されていることだ。

この「将軍たち」とは、海兵隊のマティス（アメリカ統合戦力軍司令官、中央軍司令官、現国防長官）や陸軍のペトレイアス（アメリカ中央軍司令官、アフガニスタン駐留米軍司令官、CIA長官などを歴任）のような、大量の勲章を下げた将軍たちのことだ。彼らは反撃してくるような敵と戦った経験を持っていない。彼らはたしかに戦場で戦功を挙げたのだが、その戦った相手は、ろくに武器も持っていないような相手ばかりなのだ。

彼らは世界でも最も「政治的に正しい」（ポリティカリー・コレクト）人々だ。

トランプ大統領はトランスジェンダーの人々の米軍入隊を禁止せよというメモを発表した。これに対してマティスやペンタゴンの関係者たちはただちに反対を表明している。

そもそもトランプ大統領がこのメモを発表した理由は、オバマ政権がトランスジェンダーの人々の受け入れを表明したからである。オバマ大統領の大統領令では、米軍はトランスジェンダーの人々を受け入れ、なおかつ同等に扱わなければならないとされていた。これは「同等の医療を受ける権利」も含まれる。

このオバマ政権の政策によって何が起きたかというと、性転換手術のための入隊だった。男性が「心は女です」といえば、胸をつけて男性器を落とし、女性が「心は男です」というのだったら、その逆の手術を行う。しかもこれは軍の医療機関で、国のカネをつかって行われるのである。この性転換手術にかかる費用は異様に高いのだ。

アフガニスタンに女性議員が多い理由

ところがトランプ大統領がこのようなことをやめさせようとするメモを書くと、マティスをはじめとする人々は即座に批判して、「政治的正しさ」の賞賛者となったのである。

もうひとつ彼らの「政治的正しさ」を象徴する例を紹介しよう。

あるとき、アフガニスタンのバグラム航空基地に、ペトレイアス将軍（当時）が訪れた。この基地のすぐそばに、特殊部隊が駐屯していて、その中には、特殊部隊のために運営されている、酒が飲めるバーがあった。

米軍は地元の宗教的な事情を考慮して、現地では禁酒状態にしていた。ところが、その小さな駐屯地のバーにはビールがあった。それを見つけたペトレイアス将軍はすぐにそのバーの閉鎖を命じたのである。

しかし、彼らの「政治的正しさ」はつねに矛盾をはらんでいる。

たとえばアメリカ人がアフガニスタンに行ったとき、すぐに気づくのは、この地での女性に認められている人権が世界最低レベルだということだ。ところが、アフガニスタンの人民議会では女性の議員が二八%を占めている。これはアメリカが「女性の平等」を宣言し、女性に各州二議席以上を割り当てる憲法を作らせたからだ。

アメリカは自分たちの「政治的正しさ」を押し付けるために、植民地的なやり方を強いたのである。アフガニスタンのエリートたちは、アメリカから莫大な援助資金を得て、それをドバイの銀行口座に入れ、金のロレックスを買うために、このような「理不尽な状態」を受け入れたのである。

彼ら「ポスト・ヒロイック・ウォー」の将軍たちの問題は、達成したい目的と、彼らが従うべきだと考えている手段が相反することだ。勝利という目的は得たいのに、リスクという代償は少しも払いたくない。しかし、実際には莫大なコストがかかり、犠牲が増える可能性すらある。軽減されているのは、かれら将軍たちの責任だけなのである。

アフガニスタンのタリバンたちは、このような「ポスト・ヒロイック・ウォー」を実践していない。彼らはイスラムの名の下に、戦いと死を望んでいるのだ。それは近代的な価値観からすれば合理的とは映らないかもしれないが、少なくとも戦いと死を恐れず、そのリスクを自ら引き受けている。

戦争による犠牲をいかにしたら減らせるかを考えること自体は間違っていない。しかし、犠牲というものをゼロにすること、その責任を徹底的に回避しながら戦争を行うことはほとんど不可能である。それは戦争を長引かせ、コストを浪費させるばかりなのだ。

第八章　地政学から地経学へ

冷戦後の世界は、軍事を中心とした地政学の世界から、
経済をフィールドとする地経学の世界に軸を移しつつある。
それは「貿易の文法」で展開される「紛争の論理」である。

この章は、「地政学から地経学へ　紛争の論理、貿易の文法」と題して、一九九〇年に、「ナショナル・インタレスト」誌に掲載された論文をもとにしている。なぜ三十年も前の論文を引っ張り出したかといえば、二〇一九年一月のダボス会議で、「地経学」をテーマにした講演を打診されるなど、近年、私が「地経学」の重要性を提唱していたことに着目する人々が増えたからだ。

この「地経学」（ジオエコノミックス）という概念は、「地政学」（ジオポリティックス）という概念を発展させたものだ。地理的な環境が、国家に対し政治的、軍事的に与える影響を俯瞰したものが地政学だが、そこに経済の側面を加えたものが地経学である。冷戦後の大きな流れとして、私は、国家間の競争のフィールドが軍事から経済へと、その中心を移しつつあることに気づいた。

本来、ビジネスと戦略とはまったく違うロジックに基づいている。戦略とは暴力的紛争の領域のロジックであり、つねに他者との関係によって動いていく。それは、中国が軍事的に力を増すことで、周辺の国々がそれに対抗しようと反中国で結束するために、かえって前よりも弱い立場になってしまう、といった逆説《パラドックス》に満ちている。

それに対して、ビジネスはルールに基づくもので、協力関係を築くことで進められる。

もしある企業が業績を伸ばしたければ、一直線にそれを追求していい。他の企業が結託して攻撃してくるわけではないからだ。

したがって、しばしば「ビジネス戦略」という言葉が使われるが、実際には意味をなさない。ビジネスと戦略、二つの論理体系はまったく別物だからだ。ビジネス系の人々は「戦略」という言葉の響きが好きなだけである。

ところが、地経学は、フィールドは経済なのだが、国家とその周辺（民間企業も含む）が互いに敵対したり、同盟したりする「戦略の論理」で成り立っている。経済とテクノロジーを舞台にした紛争なのだ。つまり地経学とは、もとになった論文の副題にあるとおり、「貿易の文法」で展開される「紛争の論理」なのである。

＊　＊　＊

冷戦の衰退と軍事の後退

地域的、もしくは国内情勢によって武力紛争や内戦が継続している不幸な場所をのぞけば、冷戦の衰退は、国際政治における軍事力の重要性を着実に低下させつつある。

もちろんソ連の力が、最終的にアメリカ、ヨーロッパ、日本、そして中国という事実上の同盟関係と直面した中心的な戦略の場においては、既存の軍備はこれまでほとんど減少していない。それでもソ連と西側諸国の戦争というのはますます勃発の可能性が下がり、国家の「脅し」や「再保証」の能力の価値も同じように下がってきた（そして当然ながら、同盟国間の分断の衝動を防ぎ、連帯を続けさせるような共通の脅威も存在しなくなった）。いずれにせよ、政府の交渉全般――経済的な問題も含む――における軍事力への敬意は大きく減少し、さらなる減少が見込まれる。貿易の手段が軍事的手段に取って代わったこと、つまり利用可能な資本が火力に、民間のイノベーションが駐屯地や基地に取って代わったことに関しては、誰もが同意しているように見える。ただしこれら経済的な手段は目的ではなく、あくまでも「ツール」でしかない。では、それらはどのような目的のために使われるのだろうか？

もし軍事力の重要性がこのまま低下してしまった場合、純粋に経済的な組織――労働力の提供者、起業家、企業など――の貿易の論理が世界政治を動かすことになる。国際政治における権力関係の交わりによる「世界政治」の代わりに、われわれには世界に広がる無数の経済的な交わりによる「世界ビジネス」が残されることになる。場合によっては貿易の論理が、過酷な競争につながることもあるだろう。

もしこのような軍事、政治から経済への転換が起こるのであれば、軍事的手段にとどまらず、紛争の論理そのもの——つまり敵対的、ゼロサム的で、逆説的な戦略の論理——が追放されることになる。つまり軍事的な戦略の論理に、ビジネスの論理が取って代わるのだ。実際のところ、多くの人が「新しいグローバルな相互依存状態や、そこから生まれる利益をもたらす帰結」などを語るときには、そうした事態を想定しているように思える。

ところが物事はそれほど単純ではない。国際政治は、徴税し、様々な目的のために経済やその他の活動を統制し、補助金を支出し、サービスを提供し、インフラを整え、新しいテクノロジーや新製品の開発に——この部分はますます重要になっているが——資金を融資したり提供したりする、国家や国家群によっていまだに支配されているのだ。領土、つまり機能ではなく空間によって決定される国家は、自分たちの国境を無視する貿易の論理にはついていけないのである。ならば実際の国家はどのような論理に従っているのだろうか?

「紛争の論理」は終わっていない

以下、いくつかの問いについて考えてみたい。

●国家は、自分たちが徴収できるはずの税金を、他の国家による同盟が徴収していることに我慢できるのだろうか？　それとも、会計規則にしたがって自国の歳入の最大化を求めているのだろうか？

たとえば多国籍企業の税金をどこが徴収するか、といった問題だ。現実は後者（つまり一方の獲得は他方の損失というゼロサム状態）である。そのために、ここでの支配的な論理は「紛争の論理」となる。

●国家は私利私欲のない超国家主義的な目的を達成するために、経済活動を統制しているのだろうか？　それとも自国内における結果を最大化――他国にとっては最適ではないが――しようとしているのだろうか？

これも、実際のところは、後者の例が大多数であり、現実では経済面での規制は、国防における軍事力がそうだったように、国家のツールとなる。そのため、外国への悪影響に関していえば、国家が規制を行う論理は「紛争の論理」の一部となる。したがって、それには戦時のような奇襲《サプライズ》のための秘匿や欺騙《ぎへん》の使用も含まれることになる（たとえば製造基準を、公式発表のはるか前に、すでに国内の製造業者との秘密の会合によって決めていることなど）。

●国家は超国家的なサービスのために自分たちが集めた税金を使うものだろうか？　それとも（わずかな支援金などをのぞいて）そのような利益は自国民のためにとっておこうとするものなのだろうか？

同様に、国家は自国のインフラを国際的な有益性のためにデザインするものであろうか？　それとも他国に与える影響に関係なく、国内にとって最適で、適切な競合関係の配置を求めるものだろうか？

これも後者が現実の姿である。そのために、国家の行動の論理は「紛争の論理」の一部となる（ペルシャ湾の小さな首長国の近辺で起きている競合的な巨大な国際空港の建設はこの極端な例である）。

●最後に、国家はテクノロジーの向上という目的のためだけにイノベーションを追求するものだろうか？　それとも自国内の利益の最大化を目的としてイノベーションを求めるものなのだろうか？

ここでも後者が現実であるため、やはり「紛争の論理」が当てはまる（わかりやすい例としては、アメリカの空港へのコンコルドの乗り入れがなかなか認められなかったことや、日本がアメリカのスーパーコンピュータや通信機器の輸入、さらには高解像度のテレビのフォーマットの開発に反対していたことが挙げられる）。

ここから導かれるのは——世界においてまだ武力紛争が継続している地域や、冷戦がまだ終わっていない地域をのぞいたとしても——「世界政治」はまだ「世界ビジネス」、すなわち非領土的な論理だけに統治される自由な貿易活動に完全に道を譲ったわけではない、ということだ。その代わりにこれから起こるのは——そしてすでに目撃しているのは——「地経学」の台頭として捉えることができる国家の行動への中途半端な移行である。

この「地経学」という新造語は、「紛争の論理《ロジック》」と貿易の手段の混合、もしくはクラウゼヴィッツの言葉を借りれば「戦争の論理と貿易の文法《グラマー》」というものを説明する上で最適であると私は考えている。

「国家」という野獣の本質

国家や国家群がまだ存在している現実は否定のできないものだ。国家というものは、領土を用心深く限定して、その領域内で独占的な権力を行使し、その領域の外の出来事にも様々な影響を持とうとして構成された「空間的な存在」として、そもそも国際的な舞台において、似たような存在（他の国家）に対して比較上での優位――たとえそれが軍事的な手段以外のものであっても――を求める傾向を持っている。

さらにいえば、国家は内部の官僚的な衝動によっても影響を受けやすい。そもそも官僚たちは自分たちにとって成功といえるものの達成のために競争するのであり、それには国際経済において容易に紛争的、競合的、もしくは協力的になるものも含まれる。

ところがさらに重要なのは、国家自体が、大規模な官僚組織として、減退する地政学的な役割の代替物として、地経学的な役割を獲得するために、自らの組織保全や組織強化という官僚的な衝動に駆り立てられることである。

また、はるかに日常的に目にする力学としては、国際的な舞台における経済の動きを、自分たちに有利にしようと狙う、経済ロビー団体による「国家のツール化」がある。そこでは敵対的な「地経学」的スタンスが必要とされることが多い。

国家のあらゆる分野の活動もこのような「国家のツール化」から逃れることはできない。国家が経済に介入することで、財政政策を使って、海外からの輸入品が不利になるように仕組むこともできるし、さまざまな方法で、国内勢力の利益になるように、規制、補助金、サービス、そしてインフラなどを構成することも可能だ。そして当然ながら、国内の技術開発向けの政府ファンドは、支援のない外国の競合他社との競争に対して有利になるよう準備されるものだ。

国家の官僚的な衝動や、利益団体が国家を操作しようとするやり方は、国ごとに大きく異なる。ところが基本的に共通しているのは、国家は「地経学」的に行動する傾向を持っているということである。その理由は、単にそれが現実だからだ。

その現実とは、つまり国家が国際的な舞台で、互いに相手に打ち勝つために構成された「空間的な存在」であるということだ。国家の存在意義は、国家というものが最も初期の頃から備えている機能——敵から（そして内部の犯罪者から）の安全を提供することなのである。

これまで生き残りを賭けて戦わざるを得なかった国家は比較的少数ではあるが、それでもあらゆる国家は生存のために戦う、もしくは少なくともそれが主な機能であるかのように構成されたものだ。現在、百六十カ国以上ある独立国家のほとんどは外国との戦争を経験したことがなく、過去に経験がある国も多くは数世代にわたって戦っていないのだが、それでも近代国家の統治体制は、いまだに紛争、つまり国家間戦争の準備と実行を前提とした形態を色濃く残している。

主要国の中で、通信省、エネルギー省、もしくは貿易省が国防省よりも格上の国はどれだけあるのだろうか？　当然といえば当然かもしれないが、それは（訳注：かつての）日本だけだ。防衛「庁」は、たとえば貿易などを担当する通産省のような「省」よりも格下であり、防衛庁長官は閣僚ではありながら、大臣とは呼ばれなかった。

もちろんそれがどのような名前で呼ばれているにせよ、「地経学」というものはこれまで国際政治において常に重要な要素であり続けてきた。ところが過去においては貿易分野で他者に勝つことは、戦略的な要件や様式などよりも優先順位が低かった。

また国際的な面から見ても、紛争の論理によって、共通の敵に対して協力する（同盟関係）必要が出てきた場合と、その反対に、貿易の論理によって、競争を促す必要が出てきた場合には、同盟の維持の方が常に優先された（アメリカと西欧の間で起きた冷凍鶏肉、マイクロチップ、牛肉などの貿易問題、そして一九六〇年代の繊維から一九八〇年代のスーパーコンピュータに至る、アメリカと日本の間での貿易摩擦さえも、ソ連と西側諸国の間の厳しい紛争の期間には封じ込めることが可能だった）。

国内的な面で見ても、これまで国家をまとめる上で最大の役割を果たしてきたのは、武力紛争、もしくはその脅威だった。国内に社会・経済面での分断的な緊張が存在する場合でも、外部の敵対関係による切迫した状況のおかげで国家のまとまりが維持できたのである。かつては貿易面で外国と反目しても、そこまで国をまとめる力とはならなかった。

ところが軍事面での脅威や軍事同盟の意義が薄れる現在においては、地経学的な要件や様式というものが、国家の行動において支配的になってきている。貿易摩擦は、報復措置と反作用のサイクルによって経済面で障害が生じるという恐怖のおかげでまだ封じ込められているのかもしれないが、もう「共通の敵に対して同盟の協力関係を維持する」という戦略面での要請による政治介入だけでは、貿易摩擦を抑え込むことができなくなったのだ。

いまや、もし国内のまとまりが共通の脅威によって維持されるとすれば、その脅威は経済的なものである。このような態度の変化は、統一後のドイツに対して他の欧州諸国が示した態度や、さらには冷戦後の日米構造協議などでアメリカが日本に示した、厳しく冷たい態度に現れている。世論調査やメディアの扱い、広告、そして連邦議会での声明などの証拠から判断すると、日米貿易摩擦において、日本が米国内をまとめる上での「最大の敵」としての役割を担うように売り込まれ始めた時には、ゴルバチョフによるソ連の対外政策の変更は、まだほとんど始まっていなかったといえる。

これらの議論を踏まえた上で、われわれは「世界は新たな重商主義の時代へと後退しつつある」と結論づけるべきなのだろうか？　これこそが「地経学」という言葉で示されているものなのだろうか？　答えは否《ノー》である。

重商主義が目指す最大の目標は金の保有量を最大化することであったが、地経学の最大の目標は（国家の富の拡大に加えて）国民の就業率を最大化することなのだ。さらに、十六世紀から十八世紀の重商主義の時代においては、貿易摩擦が政治摩擦に発展した場合、それがほぼ自動的に軍事紛争につながっていたわけであり、軍事紛争は実質的に戦争へと発展する恐れがあったのだ。いいかえれば、重商主義は二次的なものであり、「重商主義の競合における敗者は、戦争の文法に訴えかけることもある」という危険性によって、制限・統治されていたのである。

たとえば、この時代のスペインが、「アメリカの植民地との貿易はスペインの船と港を通じてのみ可能である」と定めたとしても、イギリスとオランダの武装的な重商主義はスペインのスループ型砲艦を無視して、儲かる貨物を運搬可能であった。さらに、たとえ宣戦布告されても、イギリス人などが乗った私掠船はそれ以上に儲かりそうなスペインの貨物船を徹底的に強奪することもできたのだ。同様にオランダも、自国産のキャベツの輸入を禁じた英国議会の重商主義的な法案の成立に返答するために、フリゲート艦をテムズ川に送り込んでいる。そして、それよりかなり前にも、ポルトガルはインド貿易で勝ち目のないライバルであるアラブの商船を沈めているのだ。

その一方で、「地経学」が台頭しているのは、軍事的な解決への道が存在しない世界だ。たとえば日本がスーパーコンピュータの輸入を制限したからといって、アメリカは日本の銀行や大学に対して、パラシュートを使った空からの襲撃によってスパコンを送り込むことはできないし、逆に、日本車を積んで外洋を航行している輸出用のフェリーを沈めたりすることによって、アメリカが世界の自動車市場を支配するわけにはいかないのだ。重商主義の時代には使えたそのような手段——経済競争における補足的手段としての軍事力の行使——がその役割を終えたことは、すでに明白であろう。

ところが、地政学の軍事的文法の衰退は、それよりもはるかに広がって――といっても世界的に普遍的な現象であるとは言い切れないが――いるのだ。

国際関係論を学ぶ人々は、いまだに「戦争の可能性を先回りして計算する」という前提を持った古典的なレアルポリティークを尊重するよう教わっている。ところがここ数十年間で大国のエリートたちは、戦争を、自分たちの間で起こっている軍事紛争における現実的な解決策としては考えなくなってきている。

その理由は、核戦争は自己抑制的なものであるにもかかわらず、非核戦争は核戦争の恐怖によって半端な介入をされることになるからだ（核兵器というものは水爆のレベルに達してから有益性の限界点を越えてしまっている。あまりに兵器としての性能を上げたためにかえってその利便性を失ってしまったのだ）。

それと全く同じ理由から、軍事的優位はこれまでたしかに追求する価値のあるものと考えられてきた。だからこそ数十年間にわたるソ連と西側諸国間の敵対関係の全期間を通じて戦争は阻止されてきたのだが、最近では大国のエリートたちは「米ソ間の軍事対立はそれ自身が最も起こりうる可能性が少ない脅威であるがゆえに、阻止すべきものだ」という結論に至ったように見える。これこそが大国間の直接的な関係において、外交的ツールとしての軍事力の価値を決定的に低下させた新しい考え方なのだ。

それゆえに、重商主義の時代には、戦争が経済的な紛争解決の手段としても有効だったのだが、新しい「地経学」の時代では、経済がその紛争の最大の原因であるだけでなく、その紛争に使われる唯一のツールともなる。現在の貿易摩擦が、もし政治衝突をもたらすものであるとすれば、この政治衝突は貿易という「武器」で戦われることになるはずだ。それらは多かれ少なかれ「輸入の規制」という建前をとるだろうし、補助金による輸出の助成、先端のテクノロジーの開発計画への財政支援、特定の教育への支援、競争上有利となるインフラの提供などの様々な形をとるだろう。

新しいゲーム

本稿のこれまでの議論では、国家や国家群が「地経学的」な行動の取り組みの中で、現在の、そして将来的に果たすであろう役割について注目してきた。ところが世界経済の舞台で起こることがすべて、そのような国家による行動によって決定されるわけではない。世界経済において「地経学」が果たす／果たさない役割は、世界政治全体における地政学の役割と比べると小さいからだ。

第一に、国家の地経学的な行動は実に多様であり、国の地政学的な行動の差よりも違いが大きい。たとえば歴史的、制度的、もしくはドクトリン的、そして政治的な理由から、いくつかの国は貿易において厳格に放任主義的な態度をとるはずであり、単純に「地経学的」に行動するのを拒否するだろう。その正反対のケースも存在しており、たとえばスイスやミャンマーのように、地政学的には中立的な状態を続けている国もある。

また、国家が地経学的な行動をどこまで行っていいものかという点については、すでに政治的な課題や党派間の議論の論点となりつつある。これはアメリカでは現在、民主党と共和党の間での「産業政策」に関する議論にも見ることができる。フランスのようにエリートたちが極めて野心的な地政学的行動主義を唱えている国では、地経学的な活動においてもさらなる積極性を国家に要求する方向へと議論が容易に移り変わりつつある。そして当然ながら、とりわけ日本に見られるように、明確に地経学的な傾向を持っている国もある。

第二に、「地経学的」に行動する国家や国家群が、個人事業主から多国籍企業に至るまでの大小の民間の企業と共存しているということだ。必ずしも国家だけに限定されていない場での行動には、かなりの限界が存在する。たしかに国家は世界の政治分野のほとんどを専有しているが、経済の分野ではそのほんの一部しか専有できておらず、民営化のような世界の経済的な流れはその部分をさらに減少させている（その一方で、最先端技術の応用のように、その重要性が増している分野では国家の役割は増大している）。

地経学的に活動的な国家と民間企業の共存については無数の形がある。たとえば受動的で無頓着《むとんちゃく》な共存状態は、国家と無数の小規模で現地化したサービス産業の間の関係（もしくは無関係）に見ることができる。この場合、双方とも相手から何も要求せず――といっても国家が要求する税金は別だが――、この二つは交わり合うことも、コミュニケーションがなくとも、単に共存しているのだ。

その正反対の例としては、世界経済の舞台において、国家による政治的な支援を必要とするものから、官僚や政治家たちが自分たちの目的のために操作しようとするものまで、両者の間に強い交流が見えるものが存在する。その反対に、国家が自らの地経学的な目的のために大企業を導いていこうとするものや、さらには企業を国家の「特別なツール」として選択する例もある（十七世紀にさかのぼれば、ヨーロッパ各国が設立した東インド会社がその特殊な共存例である。イギリスのものが最も有名だが、オランダ、デンマークなどでも結成された)。

さらに一般的なものとして挙げられるのは、それぞれ異なる国家と、世界最大規模の国際石油会社――アメリカ、イギリス、そしてフランス――の極めて似たようなビジネスのやり方に見ることができる、互恵的な操作の例である。これらの例では、国家は長年にわたってその企業を使ってきたと同時に、企業に使われる側でもあり、企業は国家のツールであると同時に、国家をツール化していたのだ。

民間部門との交流がネガティブな国家の例は一般的ではないのだが、たとえば地経学的に活発な国家が、ライバル国と激しく競っているような場合、そのライバル国のツールとして選ばれた民間企業や、たまたまそのような立場になってしまった民間企業に対しても明らかに反発するだろう。

このように、「地経学的」な活動が活発に行われる時代とは、重要な分野の重要な民間企業にとって、前例のないリスクが降りかかる時代となるだろう。もし彼らがXというテクノロジーの開発にYという額の資金を投資しても、国からYの二倍、時には二十倍もの資金を援助された別のX開発プロジェクトに追い抜かされるかもしれないのだ。もしくは、外国の強者と競い合うはめになった民間企業が、彼らを国内のビジネスから追い出そうと決心し、そのために国から豊富な資金を得ることもあるだろう。そのような目的のための税金の投入は隠されることが多いため、その犠牲となったライバル会社は決定的な劣位にあることを知らずに市場に参入する可能性が高い。このような地経学的な状況によって、国際経済は多種多様な形で実に広範囲な影響を受けるのだ（これは過去にいくつかの大国の地政学的な動きが、その他多数の国々の政治を決定的に条件づけてきたのと同じだ）。

ソ連との武装対立の時代において、西側世界で広く締結された一連の貿易協定――これはそもそも「関税及び貿易に関する一般協定」（GATT）を元にしたものであるが――は、おそらくそれがつくられた当初の意図とは関係なく生き残るだろうし、地経学において「要塞化された戦線」にたとえられる「関税」や「輸入規制」のあからさまな使用を抑制する役割を果たし続けるだろう。そして以前から引き継がれている国家から「押し付けられた友好」も、故意の取締りから輸入を密かに拒否することを狙った税関の共謀に至るまで、ありとあらゆる「地経学的」な兵器の敵対的な使用――貿易では戦争における「待ち伏せ」にあたる――を思いとどまらせる可能性がある。

それでもまだはるかに重要な武器は残っている。ビジネス的に重要な新しいテクノロジーの競合的な開発や、初期段階でのビジネス売却における略奪的な資金融資、そしてそれらの使用条件の基準の意図的な操作などであり、これらは地経学では戦争における攻勢作戦に当たるものだ。

今日において、もともと紛争的な性質を持った国家（そして国家群）と、「戦争は本質的にゼロサムの対決だが、貿易は必ずしもそうではないし、実際にそうだったことは珍しい」とする多くのリーダーたちや国民の知的な認識――つまり政治と経済は別のものだという考え――の間で、明らかに緊張が高まっている。主要国家やそのブロック内で発生するこのような緊張は、われわれがこれから生きていく地経学の世界における緊張の度合いを決定することになるはずだ。

From Geopolitics to Geo-Economics: Logic of Conflict, Grammar of Commerce,
The National Interest No. 20（Summer 1990）

＊　＊　＊

この論文からおよそ三十年後の現在、まさに米中をはじめとする国々で戦われつつあるのは、こうした「地経学的な戦争」なのである。

最終章である次章では、いま米中が戦おうとしている地経学的紛争について論じる。

第九章　米中が戦う地経学的紛争

米中の対立の主戦場は、
もはや軍事的な領域から、地経学的な領域、
すなわち経済とテクノロジーをめぐる紛争に移りつつある。

知的財産権をめぐる戦い

中国は今も軍備を増強しており、領土面での要求を強めている。南シナ海の岩礁の「違法」な占拠もやめてはいない。しかし現在の中国は、軍事的にアメリカに対抗できるような状態にはない。そのかわりに展開されているのが地経学（ジオエコノミックス）的紛争である。

米中の対立の主戦場は、もはや軍事的な領域から、地経学的な領域、すなわち経済とテクノロジーをめぐる紛争に移りつつある。

トランプが中国に対して持っている関心は、まさに地経学的なものだ。そのひとつが貿易のルールの変更である。

トランプの中国に対する態度の基本には、「中国は経済において、略奪的なやり方をしている」という認識がある。中国はすべての貿易のルールを破っており、オバマ大統領はこれを許していたが、自分は許さない、というものだ。

たとえばアメリカにマイクロンという会社がある。半導体チップのひとつDRAMを製造している会社は、韓国のサムスンとＳＫハイニックス、そしてマイクロンの三社が主だが、このマイクロンの技術を、中国が盗もうとしたのである。

ご存知のように、半導体メモリーの製造は最先端の技術が必要とされ、莫大な量の文書や設計図が作成される。中国政府はこのマイクロン社と似たような会社を台湾に設立し、マイクロン社の台湾支社で働いていたエンジニアたちを次々と雇用し始めたのである。そして彼らに社外秘とされていたメモリーチップの設計図を持ち出させていたのだ。

のちにマイクロン台湾支社のマネージャーは何が起こっているかに気づき、台湾の警察に相談した。警察がガサ入れしたところ、エンジニアたちはその場でマイクロン社から盗んだ情報をＵＳＢメモリーなどに保存し、走って逃げたのである。しかも、マイクロン側がこのことを問題にすると、情報を盗んでいたその台湾企業は訴訟を起こし、マイクロン製品の中国での販売を差し止めるよう求めたのだ。さらに凄いのは、中国の裁判所がこれを認め、マイクロン製品を中国から締め出したことである。

トランプは習近平と会談したときに、アメリカは知的財産を守るためにあらゆることをやる、合弁会社などを通じて情報を盗むのはやめろと警告した。同時にアメリカ国内のテクノロジー関連企業への、中国からの投資も禁止すると脅したのである。

知的財産権をめぐる戦い、これが米中の地経学的紛争の一端である。

「WTO脱退」の論理

またトランプはWTO（世界貿易機関）からの脱退もほのめかし、世界中から非難を浴びている。しかし、これも中国との地経学的紛争の一環なのである。

二〇〇一年にWTOに加盟した中国はまだ貧しい国だった。そのため、外国との合弁企業をつくる際、相手先の企業と情報を共有できるなどの特権を与えられていたのである。中国はこうした特権を利用して、海外の企業から技術移転をおこなってきたのだ。トランプの狙いは、こうした中国に対する不当な優遇をやめさせることにあるのである。

さらに強化しようとしているのは、米国内で、違法なテクノロジー関連の情報収集を行っている中国企業の活動を制限することだ。すでにファーウェイ社は排除され、アリババ、騰訊《テンセント》、百度《バイドウ》も北京政府のツールであると捉え、彼らが米国内のテクノロジー関連の会社を買収したり投資したりすることを制限している。アメリカの防衛・航空産業で働く中国人を厳しく監視しているのも同様だ。

中国がまるで貧乏な国であるかのような振る舞いを貿易関係で続けて特権を得ていることを、トランプはかなり重く見ている。彼が政権に居続ける限り、中国との地経学的紛争をやめることはないだろう。もちろんウォール街の金融関係者たちはこれを嫌がっているが、トランプからすれば、自分を大統領に選んでくれたのは、金融エスタブリッシュメントなどではなく、労働者や小規模なビジネスのオーナーたち、製造業者たちなのだ。

「臓器を売る国」から「臓器を作る国」へ

この地経学的紛争において、中国側が重要視している分野が二つある。

一つはバイオテクノロジーだ。植物の生成や石油・化学製品の精製など実用範囲は広いが、中国が戦略的に力を入れているのが、クローン技術による人工臓器の移植である。つまり、最先端の臓器移植を行い、医療の分野でイニシアティブを握ろうとしているのだ。

いま世界のエリートたちは、ガンになるとテキサス州立大学のアンダーソン・ガンセンターに行く。心臓に関してはオハイオ州のクリーブランドクリニックが最先端の医療を行っている。つまりアメリカは、世界のエリートたちの健康問題を解決する力を有していることになる。これは国家としても非常に重要なパワーになりうるのだ。

中国も、このようにエリートが集まる最先端の医療機関を持ちたいと考えている。なかでも臓器移植はこれからの長寿社会にとって決定的に重要だ。だから彼らはクローン技術に莫大な投資を行っており、現在の「貧しい人たちが臓器を売る国」という立場から「最先端技術で臓器を製造する国」に変わろうとしているのだ。単に最先端の技術を持つだけではなく、世界中のエリートの生殺与奪を支配するという目的がそこには潜んでいるのである。

ロボット兵士は無駄である

もうひとつが人工知能だ。アリババはアマゾンと競合し、百度はグーグルと争い、騰訊はフェイスブックに対抗する。そうするように中国政府から指示されているのだ。

中国の勝算はビッグデータにある。世界一の人口を誇る中国は、世界一大量のデータが収集できることになる。それを大規模に研究すれば、ＡＩの分野で、中国がトップランナーになれると考えているのである。これは軍事面にも応用が利く。ＡＩを活用すれば「自律戦闘機械」、すなわちロボット兵士も作ることができる、と彼らは考えているのである。

これは中国にとって極めて重要なテーマである。なぜなら彼らは戦いを好まない人々だからだ。中国における軍人の地位は高くない。彼らの文化が軍や戦闘に高い評価を与えていないからだ。しかもロボット兵士は命令に背いたり、サボタージュしたりしない。まさに習近平が求める技術なのだ。

しかし、私の考えでは、ロボット兵士を作ろうとするのは時間とコストの無駄遣いに過ぎない。刻一刻と状況が変わり、未知の局面に即座に対応していかなければならない戦場は、ロボットには向いていないからだ。つまり正解のない状況にＡＩは対応できないのである。

ＡＩの軍事利用で、唯一コストに見合うと考えられているのはサイバー戦だ。サイバー戦では、とにかく膨大な量のデータを集積し、またこちらの目的を達するための情報を数多くばらまかなくてはならない。まさに消耗戦なのだが、睡眠も食事も必要としないマシンは、こうした延々と繰り返しの作業が続く消耗戦にきわめて向いているのだ。

さらにいえば、ロボットが使えるのは軍の非戦闘分野である。たとえば、空母に乗ると、洗濯係として実に多くの人が働いていることがわかる。そこにロボットを入れて、その分の人件費を別に回せばいいのである。

　また中国のレストランではロボットのウェイターが働いていたが、さまざまな客の要求に対処しなければならないウェイターはロボットには明らかに不向きだ。むしろロボット化するならばコックの方だ。調理は一定の手順が決まっており、ロボットでもルーティンの作業としてこなすことができる。しかも一般的に、ウェイターよりもコックの方が給料は高いのである。

イノベーションは小企業で起こる

　中国はその膨大な人口を利用して集めたビッグデータで、大規模なＡＩ開発を行おうとしている。

　しかし、ここにイノベーションの逆説が存在する。技術的な革新は、必ずしも規模に比例しないのだ。

　これまでの状況を一変させるようなブレイクスルーは、大規模で資金の豊富な機関ではなく、しばしば小規模で主流派ではない集団によって、奇妙な状況においてなされてきた。

たとえばフェイスブックは大学の宿舎で始まったし、グーグルは大学の寮の部屋で発足した。アップルも、アマゾンも同様である。

いまや世界的大企業となったグーグルなどが何に力を入れているかといえば、小規模な会社の買収である。これらの大企業に買収された小さな会社の方が、社員一人あたりのイノベーションを起こす確率は高いのである。大企業が、これまでの常識を覆すような技術を生み出すのは実は難しいのだ。私の甥もイスラエル軍での徴兵生活を終えてから、友人二人とつくった会社を、三億ドルでマイクロソフトに売却した。イスラエルにはこのような小規模なスタートアップ企業が数多く設立され、世界各国の大手企業がその技術を買収するために足繁く通っている。

その意味では、規模に頼る中国流の開発システムが有利だとは必ずしもいえないのである。

シリコンバレーの黄昏

イノベーションの象徴のように思われているシリコンバレーですら同様だ。現在のアメリカにおけるＡＩの中心地はすでにテキサス州のオースティンに移っている。オースティンがＡＩの中心地となったきっかけは、テキサス州立大学のオースティン校がＡＩの開発センターを作り、そこに研究者や学生たちが集まってきたことにある。オースティンの人口はおよそ九十五万人で、言うまでもないが中華人民共和国の人口よりも少ない。ところがアリババなどのＩＴ系の大企業よりも、多くのイノベーションを起こしているのだ。

現在のシリコンバレーの企業が最も力を入れているのは、社員や働き方の多様性の確保になっている。しかし、往々にしてイノベーションの現場というものは、社員の多様性や地球温暖化や、その他「政治的正しさ」とは何の関係もない人たちによって形成されている。二十四時間でも足りないほど仕事に追われて、足元にはジャンクフードの残骸が散乱しているような職場こそ、ブレイクスルーが発生する磁場なのである。

近年、シリコンバレーの主要な企業の重要なポストを、インド系のマネージャーが占めることが多くなっているが、たしかに彼らは世界最高の管理職向きの人材だろう。経営能力、ことに財務能力に長けているのだが、残念ながら、財務能力とイノベーションを生み出す力は必ずしも両立しない。

こうした状況は、十五〜十六世紀のベネチアと似ている。当時のベネチアは、世界で最もイノベーションが起こっている場所だった。彼らが近代の製本技術を生み出し、これによって一度に数千冊の本を印刷できるようになっている。近代最初の「工場」が生まれたのもこの地であり、その製造ラインがなんと二キロの長さに達するものまであった。この工場では、一週間で完全装備した戦闘艦を作ることができた。一方の端から木材を入れると、反対側から完全武装されて即航海可能な、完成した戦闘艦が出てくるのである。

しかし、その百年後にベネチアを訪れても、革新的な技術発展はもう起こっていないのだ。美しい洋服屋はあるかもしれないが、イノベーションは去ってしまったのである。

ではイノベーションの現場はどこに移ったかといえば、アムステルダムだ。造船業、食品加工業、チョコレート作りなどで、全ヨーロッパをリードする町となるが、その繁栄も百年あまりで終わってしまった。同じことがシリコンバレーにも起きつつあるのだ。

「資産逃避」を起こす中国

では、この米中の地経学的紛争は、どちらが有利にゲームを進めているのだろう。

これまでのところ、有利なのはトランプ大統領である。彼が何かショッキングな発言をするたびに、株価が大きく動くからだ。しかも中国の株式市場は不安定なので、ウォール街の株が一％下がると、振れ幅の大きい上海では二〇％も下がる可能性がある。

トランプが有利なもうひとつの要因は、中国人が民族主義的だが愛国主義的ではないという点だ。民族主義者は外国人が嫌いだが、愛国者は自国を愛している。中国人は民族主義的ではあるが、特に経済に関しては愛国者とはいいがたい。

なにか米中間で大きな問題が起こったとする。すると上海の市場にあった資金は、香港に移り、シンガポールに行き、最終的にはニューヨークに到達するのだ。その逆はまず起こらない。

米中の貿易戦争が始まった当初、中国は四兆ドルの外貨準備高を持っていた。ところが現在ではおよそ三兆ドルしかない。これが「資産逃避」である。

中国の金融関係者は、地方のシャドーバンクといわれる小さな銀行が危機に陥っていることを認識している。貸付け金が焦げ付いてしまっているからだ。この問題はいずれ表面化することになる。個人レベルでも負債が膨らんでいる。脆弱性が高まっているために、これ以上、国内に投資することが難しくなっているのである。だから資産が国外へ逃亡するのだ。

独裁で基盤を弱めた習近平

もうひとつ中国が抱えている問題は、習近平政権の硬直化にある。習近平に権力が集中すればするほど、その下にいる幹部たちの権力は低下してくる。彼らは政治指導層ではなく、ただの小役人となってしまっているかのようだ。

また習近平は、自らの政治基盤を固めるために、徹底した腐敗狩りを行った。胡錦濤政権下でも役人たちの給料は低かったが、賄賂を受け取ることは黙認されていた。役人としての利権が大きなインセンティブだったのである。ところが習近平政権では、経済成長の中でも、役人の給料はそれほど上がらず、しかも賄賂を受け取ることも禁止されている。これは中国共産党が才能ある若者をリクルートしようとする際、少なからぬ障害となっている。

さらに習近平政権下で柔軟性が失われている原因の一つは、イデオロギー面での規律が十年前よりもはるかに強くなってきていることだ。習近平は党員たちに対してマルクスとエンゲルスの往復書簡を読むように指示しているのだが、もしあなたが共産党の幹部であれば、この指示を無視してはならない。党の会合中にその内容を聞かれたりする可能性があるからだ。

習近平個人の権力は増大しているのだが、その政権は硬直化しているために、支持基盤も弱体化してしまっているのである。

最近では、北京に残っていた最後の独立系シンクタンクの一つが閉鎖に追い込まれた。ビルのオーナーが彼らを立ち退かせたのである。このように中国は柔軟性を持った要素を次々と排除しているのだ。

テクノロジー戦争における「利敵行為」

その反対に、アメリカ側にも非合理的な面がある。たとえばマイクロソフトは北京に巨大な研究所をおいており、実質的に中国のＡＩ研究者のための「養成所」として機能している。これを地経学的にみれば、テクノロジー戦争において中国側の兵士に訓練を与えているのと同じだ。冷戦まっただなかのモスクワに、アメリカの軍事関連会社がミサイル研究センターを稼働させているようなものと考えてみればいい。どれだけ無謀なことをしているかがわかるだろう。

これは日本にもかかわってくる話である。

テクノロジー戦争の中心にあるのは情報通信の分野だ。そしてそのハードウェアの核となるのがＣＰＵである。中国はこのＣＰＵを国内生産しているのだが、その技術は中国のものではない。イギリスのケンブリッジにあるＡＲＭ社のものだ。つまり中国のＣＰＵのコア技術はイギリスのＡＲＭ製なのだが、実はこの企業は日本のソフトバンク傘下なのだ。ソフトバンクが三兆三千億円かけて買収したのである。

中国はＡＩ開発戦争の主力兵器であるハードウェアの開発の核心部分を、中国の人民解放軍の研究機関が所有するファーウェイ社に任せている。そのファーウェイ社は国産のＣＰＵを使っているのだが、その技術を提供しているのは、ソフトバンク傘下のイギリス企業なのである。つまりこれも、テクノロジー戦争において間接的に中国側に加担しているようなものなのだ。

プーチンとの「手打ち」

このように、トランプの対外政策の根幹には、中国との地経学的紛争が据えられている。トランプの対ロシア政策も、中国との関連でみればよく理解できる。その原理となっているのは、地政学の基本的な前提である「ロシアと中国の二国を同時に敵に回すことはできない」というものだ。

二〇一八年七月にヘルシンキで行われたトランプとプーチンとの会談では、トランプの宥和的な発言が激しい攻撃にあったが、トランプはこのような「手打ち」を、選挙中も、大統領になってからも表明し続けていて、その立場は一貫したものだ。

アメリカにとって最も警戒すべき相手は、台頭する大国、中国である。この中国問題に集中するために、ロシアと何かしらの合意を結ぶべきだ、という考え方である。これは冷戦下で、ニクソン大統領が毛沢東と手を結んで、台頭するソ連に対抗したやり方と似ている。

トランプ政権がロシアに求めていることはそれほど多くない。その第一は、米中関係に口出しをしないでほしいというものだ。これはニクソンが毛沢東に対して、ベトナムに関して、ソ連と協力することはやめてくれ、という以外はほとんど何も求めなかったことと同じである。

トランプの考え方はおよそ以下のようなものだろう。

「もしロシアがシベリアを失うようなことがあれば、それはアメリカ人ではなく、中国人にとられるからだ。米露は、中国の膨張を食い止めるという点で共通の利益を持っているはずだ。だから協力をしようじゃないか」

あくまでもトランプのターゲットは中国なのである。

ロシアの強い悲観主義

むしろ問題なのは、ロシア側の対応だ。

トランプを攻撃する民主党の人々に、強い「ルソフォビア」（ロシア恐怖症）があるように、ロシア側、ことにプーチン周辺には強い悲観主義がある。

私は二〇一七年の秋にウラジオストクでプーチンの政治アドバイザーたちに会い、「なぜトランプからのラブレターに返事を出さないんだ」と聞いて回った。明らかに好意的なメッセージに対して、ロシア側は何の反応も示さなかったからだ。

するとプーチンの外交アドバイザーの一人から「モスクワは贈り物を信じない」との答えが返ってきた。ソ連時代によく使われたボリシェビキ用語で言い換えれば「モスクワは涙を信じない」。つまり、「その手に乗るものか」というわけだ。

もしトランプの大統領就任直後にたった三両しか派遣していない戦車をウクライナから撤収させ、「トランプ大統領が誕生したので、我々は今日から協力をし、この小さな紛争を終わらせる」といえば、事態はずっと前に進んでいたはずだ。ところがプーチン周辺の人々は、まさに典型的なロシア人的悲観主義を貫き通してしまったのだ。

実際のところ、ロシア経済は弱く、いわば「第二ランク」の大国でしかない。しかも大国として認められているのは国土があまりにも広いため、その影響力が地理的にあらゆるところで感じられるからだ。ロシアはシリアの首都ダマスカスから空路でたった三時間の距離にあるし、北朝鮮や中国とも国境を接している。イランとはカスピ海の沿岸国同士だ。要するに、ロシアはどこにでも顔を出しているのであり、だからこそ重要なのである。

さらにロシアにはしたたかな戦略文化がある。これは周知の事実だが、ロシアのプーチン大統領は中国に対して非常に友好的に動いている。ところが同時に、ロシアは最高の性能を持った飛行機を、中国と対立しているインドに供給している。同様に、ベトナムにも最新型の潜水艦を供給している。つまりロシアは中国と密接な友好状態をアピールしながら、中国のパワーをコントロールしたい、制限したいと考えているのである。

残された唯一の手段

もっともトランプもはじめから地経学的紛争に焦点をしぼっていたわけではない。もともとはアフガニスタンとイラクから早く撤退し、軍事的に中国に集中したいというのが、トランプ政権の出発点だった。そのためにもプーチンと手打ちをして、ウクライナではロシアに行動の自由を与え、ニクソンが毛沢東と組んでソ連と対抗したように、中国と対抗しようとしていたのである。

ところが民主党側からロシアのスパイだとの批判が出て、ロシアとの宥和は思うようには進んでいない。

南シナ海でも海上封鎖を辞さない態度で中国の動きを止めたいのだが、今度はマティス国防長官が反対している。しかし、マティスは辞めさせられない。すでにコミーＦＢＩ長官などを次々に辞職させており、政治的に厳しい状況にあるからだ。

そこでトランプに残された唯一の手段が、中国との貿易戦争だったのだ。これはアメリカ国民にも支持された。特にテクノロジー面での戦いについては、あのトランプ嫌いのニューヨーク・タイムズ紙でさえトランプを支持している。

その意味では消極的選択だったかもしれないが、経済とテクノロジーの重要性がどんどん増している時代の流れともうまくマッチしていたといえるだろう。

中東政策の二つの柱

アメリカの中東政策にも触れておきたい。イラクとアフガニスタンからの撤退は、前政権から続く大きな課題だが、トランプ政権の独自政策には、二つの柱がある。

その一つが「反イラン同盟の形成」である。イスラエル、サウジアラビア、アラブ首長国連邦などと、イランに支援されたシリアやイエメンと戦うというものだ。

もう一つはエルサレムへのアメリカ大使館の移転に関するものだ。

世界中で見られることだが、平和は敗者が負けを認めないと訪れない。パレスチナ人たちは決して負けを認めていない。なぜなら、周りのアラブ諸国が「支援するから決して負けを認めるな、次の戦争では勝つぞ」と煽ってきたからだ。パレスチナが何かを譲歩しようとしても、周辺の国々――いまならイラン――が「決して譲歩するな」と圧力をかけてきたのである。

しかし、当事者であるパレスチナ人たちはもはや紛争に積極的ではない。たとえばヨルダン川西岸地区では、エルサレムの米大使館の開館式の時も大規模なデモなどは起こらなかった。非常に小規模のデモは起きたが、二十分ほどで終了し、すぐに解散してしまったのだ。

要するにヨルダン川西岸のパレスチナ人たちは現実を認めたのだが、ガザ地区ではハマスの独裁体制であるために、すべての住民を紛争に駆り立てようとしている。ハマスはイランからの資金で活動しており、紛争の継続を強制されているのだ。しかも二百万人いるともされるガザ地区でも、徹底抗戦を唱えているのはごく一部に過ぎない。それ以外の人々は純粋にハマスの犠牲者なのである。

歴史には多くの戦争が存在するが、そこには勝者と敗者がいて、互いに合意してから平和が生まれてきた。これは日本が第二次世界大戦で経験したプロセスである。

トランプ政権のもう一つの中東政策の柱は、パレスチナ人たちに、これまでのさまざまな国々が受け入れてきた「負け」を認めさせることにある。エルサレムのアメリカ大使館はその象徴なのだ。

訳者解説

本書は編訳者である奥山が、二〇一七年十月に来日したエドワード・ルトワック氏に対して行った合計六回のインタビューを中心に、彼の有名な論文、そして講演録などを訳してまとめたものである。本書の解説に入る前に、著者であるエドワード・ルトワック氏の経歴について簡潔に触れておきたい。

エドワード・ルトワック（Edward N. Luttwak）は、一九四二年にルーマニアのトランシルヴァニア地方にあるアラドという街に住むユダヤ人の家庭に生まれた。イタリア南部で少年期をすごした後に、イギリスの寄宿学校に進んで卒業し、そこから軍属してイギリス国籍を取得し、ロンドン大学（ＬＳＥ）で経済学の修士課程を修めたあとに渡米。ジョンズ・ホプキンス大学（ＳＡＩＳ）でローマ帝国の大戦略について論文を書いて博士号を取得している。ロンドン大学で修士号を取得したあとは、バース大学で経済学を教えていたが、より実践的な国際政治に関わりたいとして石油コンサルタント会社の分析官となった。その後にフリーとなり、レバノンで取材を繰り返して、デビュー作である『ルトワッ

ク の〝クーデター入門〟』(芙蓉書房出版)を完成させた。その前後からイスラエル軍や米軍でフリーの軍属アドバイザーとしての活動を積極的に行っており、大手シンクタンクである戦略国際問題研究所(CSIS)の上級顧問という肩書を使いながら、あえてアカデミックなポジションを求めずに、自由な立場から、世界各地の大学や軍の士官学校で教え、各国政府の首脳にアドバイスを行っている「戦略家」である。

そのキャリアを通じて主に軍事戦略や大戦略の分野に関心が高く、博士論文を本としてまとめた『ローマ帝国の大戦略』(未訳)や、主著である『エドワード・ルトワックの戦略論』(毎日新聞出版、以下『戦略論』)、『ビザンツ帝国の大戦略』(未訳)のように、生涯追い続けている大きなテーマはむしろ「大戦略」や「戦略理論」そのものにある。

学界に登場した初期の頃は、冷戦構造下におけるミサイル問題や海軍戦略などについて議論を行っていたが、後に主著である『戦略論』につながるものとして、七〇年代末に「オペレーショナル・アート」(作戦術)に関する議論を始めたことが挙げられる。

ルトワック自身の戦略論のエッセンスである「逆説的論理」(パラドキシカル・ロジック)については、前作『戦争にチャンスを与えよ』などで説明しているため、ここではあまり触れないが、この概念を提唱したおかげで、彼は近代西洋の戦略論に革命を起こした人物とされている。世界各国の士官学校や大学の戦略学科などでは、彼の何冊かの本が必読文献のリストに入って久しい。

さて、本書の概略であるが、現在進行中の日本を含むアジア情勢の危機について、とりわけ北朝鮮に関することを中心に戦略家の視点から分析したものだ。これらを明らかにするために、ここではルトワックの視点を理解するための三つのポイントを挙げてみたい。

第一が、「世界観を変えること」の重要性を述べている点だ。われわれ日本人の一般的な思い込みとは違って、ルトワックは最初の章でも説明するように、日本人は戦略的に動ける存在だと指摘する。それが徳川幕藩体制をつくった「江戸システム」であり、近代化を果たした「明治システム」であり、第二次世界大戦後の「戦後システム」である。このような新たな「システム」が誕生する時代というのは、すなわち「混乱の時代」であるのだが、日本はそれまでのシステムを完全に捨て去ることによって適応してきたという。

現在の日本ではその次の新しい「システム」（日本4・0）がどのようなものになるのかは国民的な議論にさえなっていないが、ルトワックは、そのカギは少子化を解消して若返ることにあり、社会が若返れば日本にイノベーションが起こるという点に望みをつないでいるように見える。そこでは、新しい「世界観」が必要なのだが、ルトワックがまさに「逆説的」ともいえる刺激的な言葉でわれわれに訴えかけているのは、未来に向かう上での斬新な思考の転換なのだ。

第二が、戦略の理想を実現した存在として、イスラエルやフィンランドを挙げていることだ。とりわけ印象的なのは、軍事演習の現場におけるフィンランド兵の混乱ぶりを紹介している点などだ。クラウゼヴィッツの言葉を引用するまでもなく、実際の戦争というものは、「戦争状態」という言葉があることからも察せられるように、とにかく大混乱が待ち受けている。ルトワックは軍事演習においてもまさにこの大混乱をつくりだすべきであり、このような混乱を切り抜ける現場のイノベーションを育てることに本来の軍事演習の意義があるとしている。

それをまさに実現しているのが、近隣の大国からいつ侵攻されるかもわからない危機感をもった状態にあるフィンランドやイスラエルであり、彼らの軍事レベルにおける徹底的に無駄を省いたリアリティの追求を見習うべきだと論じている。もちろん彼我の状況には大きな違いもあるが、とりわけ本書で紹介されているような効率性を追求した戦略的な考え方には、日本も学ぶべきことが多いのではないだろうか。

第三に、本書で出てきたこの「ポスト・ヒロイック・ウォー」という概念に関連して、先進国では失われつつある「戦士の文化」(warrior culture) というものを強調している点だ。アメリカではこの「戦士の文化」が後退し、犠牲を出すリスクを極端に恐れるリベラルな文化がはびこってしまったことによって、たとえばこれがオサマ・ビン・ラーディン殺害作戦の際の作戦計画の肥大化につながっていると批判する。

「戦士の文化」とは、ルトワックによれば「リスクを恐れない文化」ということであり、米軍のように、何十回もの上空からの偵察や訓練、そしていざ実行しようとしても直前で作戦そのものを中止してしまうような非効率とは、正反対のものだといっていい。「リスクや犠牲を恐れない」ということは、すなわち作戦や戦略の効率化にもつながるものであると認識しているのだ。

独自の戦略論を通じて読者にたいして知的挑戦を行うのがルトワック本の真骨頂であり、そのような性格を踏まえた上で、本書を「考える材料」としてじっくり読んでいただければ、それに携われた関係者としても本望である。

最後に本書を書く上でお世話になった人物に対して、私のほうから謝辞を述べておきたい。まずは著者のエドワード・ルトワックであるが、来日してすぐの忙しい段階から再び一緒に仕事をさせていただいたのは、とても良い経験となった。二度目の伊豆の温泉&インタビューであったが、常に刺激的な話題を提示し続ける氏の頭脳と経験には圧倒されっぱなしであったことを記しておきたい。おりしも『ルトワックの〝クーデター入門〟』（芙蓉書房出版）の最終稿や、自分の指導教官の一人であったコリン・グレイ教授の『戦略の未来』（勁草書房）の訳を進めていた時期と重なったことで、戦略論の神髄のおもしろさを改めて味わわせていただくという、実に貴重な経験をさせていただいた。

また、本書の編集を担当していただいた前島篤志氏には、記して感謝をあらわしたい。

本書をお読みになったみなさんが知的に刺激されることを祈念して。

平成三十年八月二十一日

青葉台駅近くの喫茶店にて

奥山真司

エドワード・ルトワック（Edward N. Luttwak）

米戦略国際問題研究所（CSIS）上級顧問。戦略家、歴史家、経済学者、国防アドバイザー。1942年、ルーマニアのトランシルヴァニア地方のアラド生まれ。イタリアやイギリス（英軍）で教育を受け、ロンドン大学（LSE）で経済学で学位を取った後、アメリカのジョンズ・ホプキンス大学で1975年に博士号を取得。同年国防省長官府に任用される。専門は軍事史、軍事戦略研究、安全保障論。国防省の官僚や軍のアドバイザー、ホワイトハウスの国家安全保障会議のメンバーも歴任。著書に『中国4.0――暴発する中華帝国』、『戦争にチャンスを与えよ』、『自滅する中国――なぜ世界帝国になれないのか』ほか多数。

訳者 **奥山真司**（おくやま まさし）

1972年生まれ。カナダ、ブリティッシュ・コロンビア大学卒業。英国レディング大学大学院博士課程修了。戦略学博士（Ph.D）。国際地政学研究所上席研究員。著書に『地政学――アメリカの世界戦略地図』、訳書にルトワック著『中国4.0――暴発する中華帝国』、『自滅する中国――なぜ世界帝国になれないのか』（監訳）など。

文春新書

1182

日本《にほん》4.0　国家《こつか》戦略《せんりやく》の新《あたら》しいリアル

2018年（平成30年）9月20日　第1刷発行

著　者　エドワード・ルトワック
訳　者　奥　山　真　司
発行者　飯　窪　成　幸
発行所　株式会社　文　藝　春　秋

〒102-8008　東京都千代田区紀尾井町3-23
電話（03）3265-1211（代表）

印刷所　理　想　社
付物印刷　大　日　本　印　刷
製本所　加　藤　製　本

定価はカバーに表示してあります。
万一、落丁・乱丁の場合は小社製作部宛お送り下さい。
送料小社負担でお取替え致します。

ISBN978-4-16-661182-9